MANUSCRIT

TROUVÉ DANS LA GARDE-ROBE DU DUC DE ***, LE 23 FÉVRIER 1848,

ET INTITULÉ :

LETTRE D'UN INVALIDE, PLANTEUR DE CHOUX,

VICTIME DE L'ABUS DES INFLUENCES,

A

JÉROME PATUROT, PÈCHANT A LA LIGNE.

MANUSCRIT

TROUVÉ DANS LA GARDE-ROBE DU DUC DE ***, LE 23 FÉVRIER 1848,

ET INTITULÉ :

LETTRE D'UN INVALIDE

PLANTEUR DE CHOUX, VICTIME DE L'ABUS DES INFLUENCES,

A

JÉROME PATUROT, PÊCHANT A LA LIGNE.

Gustave III a écrit : « La philosophie et la fermeté de l'âme ne peuvent que nous aider à cacher nos souffrances, mais ne les adoucissent pas. »

On passe aux orateurs militaires le mépris de la grammaire, l'amertume des reproches, l'abus des figures de rhétorique et le décousu du discours... Ils peuvent dire à peu près, dans le langage qu'ils veulent, trivial ou correct, uni ou soubresauté, tout ce qui leur sort de la tête, sans qu'on les rappelle à l'ordre.
(Cormenin — LES ORATEURS.)

ROUEN.

A. LEBRUMENT, Libraire, 45, quai Napoléon.

1848.

LETTRE D'UN INVALIDE PLANTEUR DE CHOUX,

VICTIME DE L'ABUS DES INFLUENCES,*

A

JÉROME PATUROT, PÊCHANT A LA LIGNE.

Mon cher Monsieur Paturot,

Ne repoussez pas, je vous en supplie, cette caressante et familière invocation ; si le malheur donne des titres à la sympathie des hommes qui ont souffert, plaignez-moi, et veuillez accorder quelques témoignages de pitié à celui dont les maux ont été bien plus grands, peut-être, que les vôtres; car j'ai été militaire, et vous point, Dieu merci. Vous pêchez à la ligne, gracieux délassement d'un cœur sensible, et moi je plante des choux, rude labeur après tant d'autres !

Bénissez la Providence qui vous a épargné, en l'an de grâce courant (1), l'honneur et la misère d'être soldat.

Celui-ci, on le met à toute œuvre : Venez ici, mi-

---

* Expression parlementaire de M. Guizot, pour remplacer le mot : *Corruption* électorale.
(Discussion de la proposition de M. de Hauranne, sur la réforme électorale; mars 1847.)

(1) Ceci était en 1846.

litaire, accompagnez cette procession; venez ici, jeune soldat, tournez à droite, tournez à gauche, gambadez, virez, voltigez, amusez enfin et instruisez nos grands de la terre. — Qu'est-ce? qu'y a-t-il? quelle est cette rumeur?... Une émeute!!... Hâtez-vous! accourez, soldats! protégez-nous! brisez cette lame de la tempête populaire!!..... Ah! c'est très-bien! très-bien! on est content de vous; tenez, voilà un sou! (1)

Au fait, nous vous payons pour tout faire. Que diable! ajoutent les contribuables, quand ils n'ont plus peur.

Jadis, on était les soldats d'un roi, de la nation, d'un empereur, d'un drapeau, enfin! Aujourd'hui, nous sommes les *brosseurs* (2) des contribuables (3).

Il semble que nous soyons leur chose, leurs bestiaux, si vous voulez, qu'ils ont grand soin de faire parquer dans leur commune, pour soutirer d'une main ce qu'ils nous jettent de l'autre; puis ils nous font défricher leurs terres, porter leur fumier, labourer les champs, charroyer les denrées (4); puis

---

(1) Chacun sait que le soldat reçoit un sou, c'est à dire 05 c. par jour, pour satisfaire ses goûts de luxe.

(2) On nomme ainsi, dans le militaire, le soldat de confiance qui porte les billets doux du sous-lieutenant, conduit à l'école la fille du capitaine, sert de valet de chambre au chef de bataillon, de cuisinier au colonel et de cocher au général.

(3) On voit que ceci était écrit en 1847.

(4) Travaux ordinaires des soldats en Afrique.

ils nous abattent quand nous n'en pouvons plus et que, de notre sang, ils ont retiré l'intérêt de leur argent.

Le canon tue, il estropie, ce qui est pire, mais il honore; tandis que le contribuable, le financier et le spéculateur nous méprisent souverainement, si vous ne faites partie de leur étable, de leur écurie ou de leur famille.

Quand d'honnêtes électeurs nous traitent ainsi, à une époque où l'on dépense tant de philanthropie pour rendre l'existence agréable à MM. des bagnes, c'est incivil; mais ce qui est monstrueux, c'est d'être traité encore pis que cela par ceux qui, au lieu d'être naturellement pour nous de bienveillants patrons, ne sont que de superbes égoïstes qui nous écrasent sous leur char de fortune. Je me ferai mieux comprendre tout à l'heure, en développant ma proposition, de manière que sourde oreille puisse m'entendre distinctement.

Mais parce que vous avez échappé à toutes ces misères, serez-vous insensible à celles endurées par votre prochain? Non, sans doute, et vous viendrez, avec toute charité chrétienne, verser quelque baume de consolation sur les blessures qu'il a reçues.

Il vient donc épancher ses douleurs dans votre sein : s'il vous ennuie, ce qui est supposable (car entre deux êtres sensibles qui narrent leurs peines, il y en a toujours un qui s'ennuie, c'est celui qui ne parle pas) s'il vous ennuie, je ne m'en apercevrai pas et, de son discours, recueillez, pour vos enfants, ce fruit éclos sur l'arbre de la science : Il vaut mieux être n'importe quoi, que soldat aux gages de l'exigence électorale.

Et, n'êtes-vous pas de mon avis, toutes choses dans l'univers sont à leur place ; mais, dans le système dit constitutionnel seul, les hommes ne sont pas à la leur (1) : faites fortune, dit-on, et vous vous asseoirez à toutes celles qui vous conviendront.

Très-volontiers ; mais, comment y parvenir ? ne faut-il pas, pour tenter de pareilles entreprises, être dégagé de tout lien au service militaire ? ne faut-il pas fournir quelque première mise, et ne pensez-vous pas qu'il serait prudent d'ôter son habit, pour mettre la main à la pâte, et éviter que la splendeur de l'épaulette ne soit, par aventure, souillée de quelques taches dans les chantiers où l'industrie manipule tout avec amour, jusqu'à ces immondices (2) dont elle retire l'or et la puissance législative ?

Quelle candeur ! vous ne serez jamais rien, et risquez de n'être jamais invité aux bals de la Cour : voyons, soyez raisonnable, essayez.

---

(1) Singulière organisation que la nôtre ! un prince, fait pour être évêque, sera commandant des troupes ; un fat naît duc, il est pair de France. Un sot a dix mille livres de rente, il est électeur et éligible. Si Arago n'avait eu que de la science, il serait un simple paria, membre de la plèbe. Mais il paye de hasard cinq cents francs de contributions, et il est député, membre du souverain. (CORMENIN, *les Orateurs*.)

(2) On sent que je veux parler de certains chantiers de la Villette dont le nom rime assez richement avec leur produit.

Tentez l'aventure ; mais n'allez pas, tête débile, vous laisser entraver par quelque sot préjugé de délicatesse, d'humanité ou de respect de vous même ; d'ailleurs, ne savez-vous pas que vice caché n'en est pas un pour le monde, qui, en cela, est d'accord avec le ciel, partisan des accommodements : au surplus, si vous ne voulez pas que l'on sache quelles sont vos manœuvres de fonds, je vous indiquerai un homme de paille, dont le nom sert d'égide à certains usuriers haut placés, qui se complaisent à ne figurer que d'une manière radieuse *coram populo*. Lorsque la pudeur vous sollicitera à ne pas produire votre nom d'une manière ostensible, allez frapper chez cet homme ; si quelqu'un sort en même temps que vous, entrez, saluez, car vous êtes sûr que c'est quelque personnage dont, un jour, vous pourrez avoir besoin. — Quelle rue ? quel numéro ? près la place Philippe à Alger, près d'une fontaine (3).

Allons ! à l'ouvrage ! vous vous devez à vos enfants. — Je n'en ai pas. — Raison de plus pour ne penser qu'à vous.

Je fus ému ; mais, par mon histoire, jugez si je puis devenir électeur !

Je me flatte sans doute, en pensant que vous m'écoutez ; c'est égal, laissez-moi cette illusion.

Avant tout, il faut l'avouer, l'éducation de collége,

(3) L'emplacement de la maison est actuellement envahi par les constructions de l'hôtel des affaires civiles ; il ne reste que la fontaine ; mais l'homme de paille est bien connu.

cette serre chaude dans laquelle on développe à outrance les germes de l'amour-propre, a été la cause de mes malheurs ; car, depuis le jour où j'ai triomphé en rhétorique, avec accompagnement de lauriers et de grosse caisse, j'ai été possédé du désir le plus incandescent de passer à la postérité, sans réfléchir que, quand bien même j'y parviendrais, je ne le saurais jamais (1). Nimporte ; tel fut, bien longtemps, le noble but où tendirent tous mes travaux : **La Gloire** (2) !

Afin d'avoir un à-compte sur l'immortalité, j'essayai de conquérir un célébrité contemporaine. J'ai donc parfait quelques œuvres sur toutes matières ; entre autres, une brochure remplie d'aperçus, tellement profonds, que les déblais formaient un monument étonnant de grandeur et d'élévation.

J'y traitai, sous un quintuple point de vue (j'aurais pu le rendre sextuple), la nécessité d'avoir des colonies.

1° Comme *exutoire* d'une population métropolitaine, famélique et turbulente ;

---

(1) Dix mille bons *compaignons*, et plusieurs grands capitaines, moururent à sa suite (César) vaillament et couragement, desquels les noms n'ont duré qu'autant que leurs femmes et leurs enfants *vesquirent*. — (*Montluc.*)

Vanité des réputations ! Qui se souvient aujourd'hui de M. Serre ? (Cormenin. *Orateurs.*)

(2) Je l'ai *veue* fort *sousvent* marcher avant le mérite, et souvent *oultre* passer le mérite d'une longue mesure. — *Montluc.*

2° D'une pépinière indispensable de directeurs généraux, de directeurs spéciaux, de sous-directeurs locaux, et de chefs, sous-chefs, etc., de bureaux, pour l'aménagement du bien public ;

3° D'une pièce à mettre à l'escarcelle percée de vénérables fonctionnaires victimes de certaines relations sociales ;

4° De l'urgence de donner des souliers à des parents de personnages haut et très-haut placés ;

5° Je l'eusse certainement traité le quinto, à savoir : Quelle différence existe entre faire un appel aux capitaux et faire en sorte qu'ils arrivent ; mais j'appris, d'une chanteuse de la *Perle* (1), qu'un des nombreux directeurs (2) (sans compter celui du spectacle), composait un air de guitare avec lequel il devait, à la manière d'Orphée et d'Amphion, attirer une émigration de colons. La modestie m'imposa le devoir rigoureux de me taire ; mais je satisfis la démangeaison que j'ai d'écrire, partout et sur tout, en publiant une resplendissante dissertation sur la possibilité d'alléger le poids que le soldat porte en campagne, en diminuant les rations de vivre, et en augmentant le nombre des comptables.

Cette brochure, qui prouvait un grand talent et de vastes connaissances, n'eut aucun succès. Je dus m'en consoler, en pensant que Dieu est grand, et

---

(1) Café à Alger, ayant pour enseigne : Café de la Perle.

(2) Il joue très-bien de la guitare.

qu'il a voulu que Socrate fût empoisonné, que Jusuff portât des bretelles, et que Marengo fût réduit à commander la milice algérienne, après avoir enseigné aux élèves de Saint-Cyr comment on doit aimer les rois et les dames.

Je ne puis donc me le dissimuler, je ne suis qu'un avorton. A la facilité avec laquelle je fais cet aveu, on doit penser que je plaisante; mais, vous qui avez eu des illusions, vous qui connaissez toutes les tortures dont il faut cicatriser les plaies, pour supporter le non moi anticipé, vous vous souvenez sans doute de tous les combats livrés au Python du *positivisme*, avant qu'un cœur jeune, ardent, fier, enthousiaste du vrai beau, puisse céder, une à une, les nobles et fraîches illusions par lesquelles il confondait le ciel avec la terre. Dans des luttes pareilles, un cœur noble est toujours brisé, et les immenses débris du monde glorieux qu'il s'était créé, servent à combler le gouffre qui le séparait de la réalité. Arrivé là, le suicide se présente comme moyen d'aller à la recherche de ce monde idéal que l'on a perdu. J'ai éprouvé tout cela; triste sot! — Le suicide! pour si peu! allons donc! vous êtes fou, mon cher! — Mon cher et très-cher spéculateur, en fait de passions, vous n'en connaissez que le résidu, c'est-à-dire ce qu'elles peuvent rapporter, fin courant, à vous et vos semblables, dont l'oriflamme est un écu de cent sous.

Eh! qui vous dit qu'un jour vous ne ferez pas, ainsi que certains de vos maladroits confrères, qui se brûlent la cervelle, quand leur caisse est vide. Mon cher, très-cher négociant, faites des lois, je vous prie, votre patente vous en donne la capacité, vous en donne le droit, même celui d'exiger du gouvernement qu'il vous en fasse faire; législativez donc, je vous prie, mais vous ne comprendrez jamais l'enthousiasme; vous ne ressentirez jamais l'immense satisfaction de Leverrier, trouvant au bout de sa plume la planète dont il cherchait le gîte; vous regretterez, j'en suis certain, de ne pouvoir y établir un comptoir sous la raison *Colis Porte et compagnie*, ce qui serait d'une belle spéculation, mais vous vous consolerez en pensant qu'il y a sur cette terre assez de monde à voler pour que vous deveniez très-riche, et que les diamants de madame votre épouse, empruntés à la confiance d'un Maure, fassent rire de dépit les femmes qui n'en ont pas, ou qui n'en tiennent que d'un grand duc russe en voyage (1).

C'est décidé, vous ne vous suiciderez pas; mais si vous ne croyez pas aux passions, convenez qu'il y a d'autres appétits que ceux de l'or.

Par exemple, on rencontre, rarement il est vrai, quelques-uns de ces niais qui, dès leur jeunesse, ont rêvé la gloire, c'est-à-dire formé le vœu d'être assez utiles à leur pays pour être cités à l'égal des hommes qu'ils admirent. Mon cœur bat avec force, se dit un de ces écervelés, j'ai donc assez de sang à dépenser,

(1) La scène se passe en Algérie.

pour servir d'exemple à mes compatriotes, lorsqu'il s'agira de défendre leurs biens et leur famille ; soyons soldat : Latour-d'Auvergne l'a été; imitons-le. Je trouverai, pour me guider et me soutenir dans la carrière, des chefs qui auront la bonté de son cœur, la dignité de ses vertus, son abnégation et son courage ; si la patrie satisfaite leur a décerné l'écharpe de général, c'est qu'ils ont accompli la noble tâche qui leur était imposée, ils savent être chefs de famille de plusieurs milliers d'hommes, ils connaissent la valeur et le nom de chacun d'eux, ils veillent à tous leurs besoins, et briseraient leur épée plutôt que de forfaire à l'honneur, en tolérant une injustice, ou en partageant une concussion !

Mais si, au lieu de tels hommes, le jeune enthousiaste ne rencontre que des individus portant un habit brodé, un chapeau à plumes et des bottes à l'écuyère, insolents envers leurs inférieurs, rampants près du pouvoir, qui se croient profonds, parce qu'ils sont creux, savants parce qu'ils récitent la théorie, érudits parce qu'ils dessinent des patrons de culotte, actifs parce qu'ils s'agitent, énergiques parce qu'ils sont grossiers, guerriers parce qu'ils sont tapageurs à la manœuvre, orateurs en plein vent, et à tout vent, à propos de rien, impartiaux parce qu'ils sont égoïstes ; si le jeune enthousiaste a vu de près leurs vices, leurs basses passions, l'envieuse jalousie (1)

(1) Il n'y a métier si jaloux que le nôtre, ni si plein de tromperie. (MONTLUC.)

qui les anime les uns contre les autres; alors les héros qu'il avait rêvés lui semblent des animalcules détraqués.

En qui aura-t-il confiance si, au lieu de trouver dans ses chefs pour lui, faible, un paternel appui, il se voit sans cesse près d'être sacrifié au veau d'or, par d'ignobles adorateurs de la feuille d'émargement? sur qui prendra-t-il exemple de dévouement, quand autour de lui il ne voit que des stipendiés fidèles à eux-mêmes et au seul pouvoir qui bat monnaie ! (1)

Alors il doit désespérer des hommes ; il se sent impuissant à lutter contre de tels adversaires, qui traitent de niais ceux qui ont un noble cœur, et qu'ils s'empressent d'étouffer, afin de rester seuls de leur bande et de n'avoir pas à rougir entre eux.

Alors il reconnaît qu'il faut être écrasé par le nombre, et il trouve beau d'imiter l'exemple de cette troupe héroïque, qui s'est écriée : La garde meurt et ne se rend pas.

Car, après tant d'illusions perdues, le suicide vient s'offrir. Il arrive aussi que le malheur réduit à l'apathie : c'est le suicide de l'homme faible; l'homme fort se tue ou attend le moment de la vengeance (2) en la réduisant, s'il le faut, aux mesquines proportions de l'ironie, jusqu'à ce que les

---

(1) Car tout homme qui sert son maitre plus par avarice que par amitié, n'a rien de bon au ventre. (MONTLUC.)

(2) Il n'y a rien qu'un grand cœur n'entreprenne pour se venger.   (MONTLUC. livre I.)

circonstances soient plus justes que les hommes, et si elles ne lui accordent pas cette victoire, il en lègue l'espoir à ceux qui ont encore le culte de l'honneur. Qu'ils ne désespèrent pas de leur petit nombre : les Suisses, un jour, ont vaincu les Bourguignons (1).

Mais remontons, je vous prie, à la source de mes malheurs et daignez en suivre le cours.

Nanti de mon prix, je vins en déposer le laurier sur le giron de ma mère, qui, m'attirant à elle et me prenant la tête pour me baiser au front, me dit : « C'est bien, mon ami, c'est la meilleure con-
« solation que tu puisses apporter à ma douleur ; si
« ton père vivait, il t'embrasserait aussi ; il était
« honnête homme, nous sommes pauvres ; il était
« brave, il est mort pour son pays ; sois honnête
« homme, sois brave, et tu feras le bonheur de ta
« mère. » — « Oh! oui, mère, tu verras, je de-
« viendrai général, je serai riche, tu seras heu-
« reuse. — « Eh bien! mon ami, le meilleur moyen
« de devenir général, c'est de travailler beaucoup ;
« car il faut savoir plus que tous ceux que l'on
« commande, entends-tu ; travaille, et tu obtien-
« dras l'estime de tes chefs, qui alors te soutien-
« dront dans la carrière. »

Bonne mère, va! tu ne pouvais prévoir l'invention du système : *Tout pour soi, chacun chez soi.*

---

(1) C'est depuis ce temps-là que les Suisses boivent si bien.
(*Note d'un concierge.*)

J'ai obtenu l'estime de mes chefs, toujours; mais leur soutien, jamais. Il est vrai que jamais aussi je n'ai fait acte qui pût m'admettre à leur sympathie; je remplissais scrupuleusement tous mes devoirs; mais, ô sottise, j'ignorais l'art de leur être utile et agréable dans leur domesticité. Je n'étais pas complaisant envers leurs maîtresses, je ne tenais pas la bride du cheval quand ils étaient descendus, je lançais le valet de chambre à sa place, je ne riais jamais, *crescendo*, à la vingt-unième reprise d'une narration d'anecdote scandaleuse, je ne faisais aucune aquarelle pour madame; enfin je n'étais bon à rien, car je ne savais pas même le whist.

Donc je fus estimé; favorisé, point. Mais n'anticipons pas sur la narration, et marchons chronologiquement, ainsi que le soleil.

Ce dernier me rappelle que, partant pour la gloire et plein d'enthousiasme, j'avais fait faire un cachet représentant un aigle regardant l'astre des cieux, avec cette devise : *Sans crainte.*

Pendant le peu de temps que dura l'empire, je ne sais si autre que moi fit attention à mon cachet; je doute même que sous la restauration on ait pu me faire l'honneur de l'interpréter en faveur de Louis XIV. Ce qu'il y a d'historique, c'est que deux ou trois ans après les journées de juillet, on me signifia, quelque peu durement, que c'était un insigne manifeste de mon peu de respect pour le pouvoir, en le faisant ainsi d'une manière irrévérentieuse, et que j'eusse à le faire disparaître (le cachet).

C'était un chagrin que je voulais éviter : avec ce cachet, j'avais scellé des lettres datées de Moscou et d'Alger; je tenais à mon aigle, non comme une critique de ce qui existait depuis 1830, mais comme emblème des idées élevées; quant au soleil, c'est bien naturel; je pris donc un moyen juste-milieu : je fis graver des lunettes sur le bec de l'aigle avec cette devise : *Respect aux vues basses*.

Cette condescendance me valut des témoignages de satisfaction de la part du major du régiment, qui professait un souverain mépris pour les lumières, attendu qu'au moment de la chute de l'Empire, il allait passer à un conseil de guerre qui devait mettre au jour toute la pureté des comptes qui l'avaient enrichi au dépôt, en qualité de trésorier. Aussi, depuis cette époque, il n'a cessé d'être ardent ultrà, d'abord, et féroce juste-milieu ensuite; il a successivement chanté : *Charmante Gabrielle* et *En avant marchons*; mais, en 1840, il riait à gorge déployée des terribles journées de Juillet, qu'il qualifiait de *Glorieuses*, avec un ton aristocratiquement sardonique (1).

Je reviens à la douce allocution de ma mère; exalté, je rêvais la gloire, et je voulus y atteindre; à cette époque, on ne pouvait y parvenir que par les armes; j'allai à l'école de Saint-Cyr apprendre à les manier.

C'était un rude apprentissage que celui qu'on su-

(1) Je l'ai retrouvé, le 1ᵉʳ mars 1848, à Paris, faisant des politesses à M. Cabet.

bissait à cette école. Son régime, l'esprit qui y régnait, les mœurs des élèves, méritent une histoire à part.

Les résultats de l'éducation et de l'instruction qu'on y recevait, étaient ceux-ci : *Vive l'Empereur!* pour nous, presque tous orphelins de soldats plébéiens, l'Empereur représentait la Providence et la France glorifiées.

Je fis partie d'une promotion qui fut conduite en poste, des portes de l'école à celles de Spandaw ; c'est-à-dire que l'on nous plaça, par groupes de sept à huit, dans des charrettes, dites à trente-six portières, bourrées de paille et parfaitement aérées, attendu qu'elle n'étaient pas couvertes.

A cette époque, les élèves de Saint-Cyr avaient, en arrivant sur le champ de bataille, deux épreuves à subir : celle du feu et celle de l'antipathie des sous-officiers qui avaient, pour prétendre à l'avancement, cette vieille habitude de braver la mort, ce qui leur semblait le *nec plus ultrà* de l'instruction nécessaire ; mais hâtons-nous de le dire, cette antipathie faisait bientôt place au plus énergique dévouement, après la première affaire où le néophite avait prouvé qu'il était un bon petit b..... ; si la bataille n'arrivait pas assez tôt, on *se repassait* quelques coups de sabre, qui dissipaient la mésintelligence.

Jeune, ardent, enthousiaste, je n'étais encore atteint que de l'ambition de bien faire, afin qu'un jour, moi aussi, je pusse recevoir, la tête haute, le regard assuré, l'épée à la hanche, et les talons sur la même ligne, un : *C'est très-bien !* de cet homme magnétique qui nous entraînait avec cette puissance à laquelle un poëte fait allusion en disant : le gouffre attire.

Pauvre niais! je ne pensais pas même à l'avancement, comme satisfaction d'amour-propre, et je me serais jugé ignoble, si la pensée m'était venue de le désirer pour l'exploiter en spéculateur et devenir, sou par sou, capacité éligible. Seulement je me surprenais marmottant quelquefois cette prière : O Providence! par le cœur pur de ma mère, fais que j'aie le droit de porter la décoration de mon père (1)!

Dieu est grand! mais je n'ai été décoré qu'en 1830, bien après M. Pau, pédicure du roi, qui l'a mérité, sans doute, pour avoir fait marcher des hommes d'état.

En voyant combien cette décoration est polluée, (2-3) on est vraiment tenté, lorsqu'on est soldat,

---

(1) Et mon cœur tressaille comme s'il entendait encore ce jeune officier de marine, les larmes aux yeux, s'écrier, en recevant la croix d'honneur, de la main même du roi : Ah! pourquoi ma pauvre mère n'existe-t-elle plus, pour être témoin de l'honneur que le roi fait à la famille! — (VATOUT. *Château d'Eu.*)

(2) Et s'il y avait de ce règne-là, jusques à Charles neuvième, vingt-cinq ou trente chevaliers de l'ordre, y comprenant les princes (auxquels cet honneur est actuellement dû dès le ventre de la mère) c'était le bout du monde : aussi la noblesse était si ardente à la vertu, et craignait tant une tache à son honneur, que pour rien, un gentilhomme de marque n'eût voulu recevoir un grade, s'il n'eût pensé en être bien digne, et n'avait rien si odieux que l'on eût dit de lui qu'il était parvenu par compère ou par commère. Cette façon est pour le jour-

d'aller s'en démettre sur le tombeau de l'empereur ; et, cependant, le plus grand hommage que l'on puisse rendre à sa mémoire (soit dit sans offense pour celle de Henri IV) c'est de la porter, *quand même!* (1) et de nos jours, comment reçoit-on les nouveaux chevaliers ? Il n'est pas possible, il est vrai, de déployer à chaque promotion, la pompe qui environna la réception de ceux qui, au camp de Boulogne, furent assez heureux pour recevoir, des mains de l'empereur, la croix qu'il prenait dans le casque des Bayard et des Duguesclin ; mais, en occasion semblable, il serait convenable, par respect pour la patrie, de remettre ces récompenses avec appareil et dignité. (2)

d'hui bien renversée, car il y en a pour le moins 300 en ce royaume ; et les fait-on chevaliers de l'ordre à dix-huit ou vingt ans, sans aucun mérite ni autre sujet que la faveur, peste et ennemie mortelles de la vertu, et par laquelle il y a aujourd'hui plus de chevaliers que de bonnes épées.

(Mémoires sur Vieilleville, par Carloix, livre 1, chap. 9.)

(3) Je connais tel guerrier, sur qui on n'a jamais tiré un coup de fusil, qui n'a pas même quinze ans de service près de son pot au feu, qui a eu cependant le malheur d'être décoré, rien que pour avoir fait une révérence à Louis-Philippe au château d'Eu.

(1) Foy, pour justifier l'absurde substitution de l'effigie de Henri IV à celle de Napoléon, sur la croix de la Légion-d'Honneur, disait que c'était là une gracieuse et touchante fiction. Cormenin (*les Orateurs.*)

(2) Vieilleville est reçu chevalier par François Ier (a). La majesté duquel lui usa de tel langage : « Approchez-vous de moi, gentille lumière de chevalerie, mais que vous soyez plus âgé, je vous appel-

(a) Certes le roi ne peut passer son temps à recevoir tous ceux qu'il nomme, mais ses délégués pourraient être invités à mettre un peu moins d'économie dans les frais de politesse qu'ils font à cette occasion.

Ordinairement voici comment cela se passe : un militaire est nommé chevalier de l'ordre royal de la Légion-d'Honneur (en décembre 1830, on disait : membre de la Légion-d'Honneur, et on avait effacé le mot *royal*, sur les anciens imprimés destinés à faire titres); dans son exaltation, le digne homme imagine que, conformément à la formule du procès-verbal de réception, on va assembler la garnison et que, devant elle, à la face du ciel, en présence de Dieu, témoin de tant de serments, il va jurer, par le drapeau national, d'être toujours un modèle de courage et de fidélité aux braves compagnons qui vont le saluer de leurs armes. Ah! ouiche! s'il se trouve en congé, par exemple, il va chez le commandant de place; celui-ci offre un déjeuner, s'il a affaire à un officier, remplit le procès-verbal, en rassemblant la troupe sur le papier, signe et dit à l'officier : « A l'honneur de vous revoir! »

La cérémonie est moins longue de tout le déjeuner, s'il s'agit de moins qu'un officier; elle est nulle, si la localité est tellement médiocre, qu'elle ne possède qu'un maire. Alors le récipiendaire est réduit à se recevoir devant sa glace à barbe.

Jadis, Bayard disait à François Ier : « Relevez-vous, « sire, vous êtes chevalier! »

lerai soleil; car si vous continuez, vous reluirez sur tous autres : cependant paré ce cop de vostre Roi qui vous aime et qui vous estime »; et mettant la main à l'épée le fit chevalier, non pas de l'ordre, mais de l'épée seulement, car en ce temps-là, l'ordre ne se donnait qu'à vieux capitaines de gendarmerie qui s'étaient trouvés en quatre ou cinq batailles. (*Mémoires sous Vieilleville*.)

De nos jours, les princes disent à M. Pau : « Bais-
« sez-vous, chevalier, soignez mes cors. »

On ne relève plus les chevaliers, on les laisse à genoux.

Je vivais dans l'espoir d'être décoré, lorsque la tempête qui fit échouer l'empire vint à éclater. Elle en rejeta les débris sur la plage de France, en face de la restauration. Celle-ci ramena, avec *un Français de plus*, beaucoup d'individus qui l'étaient peu ou prou. Il fallut les nourrir ; en bonne ménagère, la restauration rogna de moitié la nourriture de l'ancienne armée, et m'envoya avec 43 francs (et 0,333 à l'infini) par mois rejoindre ma pauvre mère, de qui pendant longtemps on oublia de payer la pension. Eh! mon Dieu! je n'étais pas encore le plus malheureux de tous mes camarades, dont plusieurs, afin de gagner du pain, firent le métier de cantonnier (1).

Voilà donc où j'étais tombé de toute la hauteur d'une jeune et brillante imagination qui m'avait montré dans l'avenir, au début de ma carrière, les étoiles d'officier-général.

---

(1) On se tromperait si l'on croyait que je n'ai ici que l'intention de faire de la récrimination contre les réactions d'un parti vainqueur ; je ne veux, en retraçant les vicissitudes qui ont martyrisé la génération militaire dont je fais partie, que constater, aux yeux de tout homme impartial, que ces supplices auraient dû nous mériter la compassion et non l'homicide indifférence de ceux de nos anciens chefs qui surent conserver leur position lucrative. Mais qu'attendre, en effet, d'hommes qui ont renié leur mère (la révolution) et vendu leurs frères (exemple : le maréchal Ney) !

Pour bien se rendre compte de toutes les tortures morales que nous dûmes subir dans ces premiers temps de réaction (1) politique, il faut apprécier la nature des sentiments qui nous animaient alors, nous *jeunes-France* de l'époque.

Nous n'avions appris qu'en 1814 qu'il existait des Bourbons aspirant au trône de l'empereur, lui le symbole de la suprématie de France! S'attaquer à lui! Nous haïssions tout ce qui était son opposé, et nous dûmes subir le joug de ceux qui haïssaient notre idole! Mais ce qui fut le comble de notre douleur, ce fut de voir le rôle que jouèrent, en ces mauvais jours, ceux qui auraient pu être nos défenseurs, ceux qui naguère étaient nos chefs. Nous pensions que les maréchaux, les généraux, sacrés par l'empereur, oints par la mitraille, sauraient, comme en un jour de combat, payer de leur personne, pour nous arracher à cette position désastreuse; mais, sauf quelques rares et honorables exceptions, c'était à qui obtiendrait, par de lâches bassesses, une partie des oripeaux qui cachaient la misère de la royauté imposée à la France par l'Angleterre. Un maréchal de France troqua son épée contre un cierge, et, encore altéré par la fumée du

---

(1) La réaction (et c'était là une chose que les jeunes impériaux ne savaient pas) s'appesantit sur les jeunes courages, sur les fidélités imprévoyantes, et quand on aurait dû laisser en paix ces enfants, on les jeta en prison, on les jeta en exil! Singulière façon d'apaiser les haines, que de s'attaquer à des hommes de vingt-cinq ans!

J. JANIN, feuilleton des *Débats* du 24 août 1846.

champ de bataille de Waterloo, il vint à Vitré se rafraîchir d'un verre de cidre, qu'il but à la santé des Chouans. On vit un officier-général ôter son habit d'aide-de-camp de l'empereur (1), pour prendre une robe de chambre dans le vestiaire royal, on vit...... l'on ne vit pas beaucoup de Drouot.

Nous étions réduits à vivre dans le mépris de tels hommes, qui nous abandonnaient à notre misère; dans la haine de ceux qui nous haïssaient, et nous épuisâmes le reste de notre belle jeunesse à lutter contre la fureur de la tourmente qui nous menaçait d'une terreur royaliste.

Elle fut donc cruelle la destinée dévolue à notre génération qui, trois fois en quinze ans, fut lâchement abandonnée par ces déserteurs de deux drapeaux; eux, cependant, qui ont le courage de dire qu'ils préfèrent la mort à la perte de leurs appointements

Trois fois, en quinze ans, ils nous ont sacrifiés à leur égoïsme ignoble; car, en 1830, ils étaient déjà trop seigneurisés pour tendre une main protectrice aux soldats roturiers et pauvres.

Et l'on vit cet étrange spectacle : les enfants de la révolution reniant leur origine, sans avoir pour excuse, ainsi que la noblesse, au commencement de la révolution, de faire un sacrifice à la patrie.

(1)   Quoi ! d'indignes enfants de Mars
            Briguaient une livrée,
            Quand ma muse éplorée
        Recrutait pour leurs étendards !
                (BÉRANGER, *Adieux à la gloire.*)

Les secousses de la république, la gloire du consulat, l'éclat de l'empire, l'imprévu de la restauration avaient donc ébranlé le cerveau de ces hommes, si calmes sur les champs de bataille; mais, là, ils étaient experts, tandis que dans le dédale de la politique, après avoir perdu le fil de la conscience, ils ne savaient plus quel était le véritable écu de la France; alors ils se rallièrent autour de celui de la monnaie. Que pouvions-nous donc attendre de cet égoïsme corrompu qui les entraîna jusqu'à la cruauté; puisque, plus infâmes que les frères de Joseph, non-seulement ils ont vendu les leurs, mais encore ils les ont laissé assassiner (1); et, dans leurs voitures amoirées, du haut desquelles ils nous traitaient de séditieux, ils se rendaient aux dîners de la cour, tandis que nous manquions de pain.

Enfin, ceux-là même dont nous ne devions attendre aucune sympathie, finirent par comprendre que l'on pouvait se fier à des hommes dont le premier mobile était l'honneur. Trop vrais royalistes pour craindre d'être compromis, en se rendant garants de notre conversion au seul dévouement possible à cette époque, ils devinrent, pour beaucoup d'entre nous, ce que nos anciens chefs n'osaient être, nos protecteurs.

Les régiments nous furent ouverts de nouveau, et

---

(1) Gouvion Saint-Cyr lui même à contre-signé l'ordonnance du 29 août qui prononça la destitution du maréchal Moncey et trois mois de prison, pour refus de présider le conseil de guerre devant lequel le maréchal Ney a dû paraître.

l'on vit les jeunes descendants des premiers soldats des croisades accepter avec une loyauté chevaleresque le serrement de main des derniers soldats, conquérants de l'Europe. Un sentiment de fraternité allait bientôt réunir tous ces compagnons d'armes (car toute noblesse vient des armes) (1), lorsque 1830 vint à surgir et donner l'espoir, à ceux qui étaient encore meurtris de la chute de l'empire, que les angoisses qu'ils avaient endurées allaient enfin trouver un soulagement dans un ordre de choses qui promettait avec éclat de ne faire régner que la justice.

1830 réclamait l'héritage de 89, et promettait aux enfants de la révolution qu'ils recevraient leur légitime; mais je le demande aux hommes qui ont encore quelque loyauté : l'aristocratie, sous la restauration, a-t-elle montré autant de mépris des droits individuels qu'on en voit de nos jours? (2)

Qui faut-il accuser de ce crime? ce n'est pas l'aristocratie, puisqu'on prétend qu'elle est vaincue; ce n'est pas la théocratie, puisqu'on assure qu'elle est comprimée; c'est, oserai-je le dire, c'est l'*écucratie*, la censicratie. Le casque à mèche remplace le heaume, la canne à sucre remplace la lance, la bourse et la monnaie sont les seuls temples qui aient de vrais croyants. La puissance du cens est exigeante comme tout parti vainqueur; elle veut tout avoir, ainsi que les enfants

(1) La forme propre, et seule, et essentielle de noblesse en France, c'est la vocation militaire. (Montaigne, *des Récompenses d'honneur.*)

(2) Ne pas oublier que ceci est écrit en 1846.

mal élevés ; elle veut être la seule noblesse aussi (1); elle achète les vieux habits galons des grandes maisons déchues ; elle retourne leur livrées, les rapièce, les endosse, et se vante d'avoir des armoiries. Elle veut être la seule noblesse, vous dis-je; elle n'a pas renversé Charles X pour autre chose, elle renverserait le gouvernement actuel, si, de temps à autre, il ne lui disait pas : Allons, ma grosse, ne te fâche pas, je te dis que tu es baronne.

Conséquente dans ses principes, elle domine par le système électoral ; elle fait fi des capacités intellectuelles, mais honore *gros* celle des *tirelires* : si jamais elle fait monter un des siens sur le trône, elle le baptisera *Tirelire* 1er.

C'est reconnu, rien ne donne de l'aplomb comme des goussets bien pleins ; or, notre prétendue baronne, fière de son titre, orgueilleuse de ses sacoches, forte dans son comptoir, et n'ayant pas eu le temps de faire son éducation, s'en va, à travers le monde, coudoyant chacun, et frappant sur le ventre aux ministres, leur dit : « Tiens, mon homme, v'là un de mes
« fieux qui a des écus, j'voulons que tu en fasses quel-
« que chose de mieux que son père, qui n'a pas in-
« venté le piqueton ; fais-moi de ça un receveur-géné-
« ral, un directeur, quoi! quelque chose enfin qui ga-
« gne gros! J'te r'commande ça, je soignerai tes voix,

---

(1) *Personne ne veut être du peuple, excepté les jours de révolution, et la vanité se met dans les mœurs, quand l'égalité est dans les lois.*
SAINT-MARC GIRARDIN.

« entends-tu ; adieu, mon homme, mes respecques à
« madame ! »

Vous riez, peut-être, vous avez tort ; les conséquences de ces paroles produisent des bouleversements sociaux, dont les révolutions ne sont que les préliminaires. Celles-ci ont lieu par les amours-propres froissés, et, quand elles ont fatigué et ruiné tous les partis, le bouleversement social arrive.

Quoi qu'il en soit, la révolution de 1830 n'a pas été plus juste que la restauration envers ma génération.

Punis en 1815 de notre adoration pour l'Empereur, nous avons été quasi-proscrits en 1830, sans doute pour avoir honoré la sainteté du serment.

Désignés, en 1829, comme entachés de bonapartisme par un inspecteur-général, nous avons été mis à l'index, en 1830, comme souillés de légitimisme. par le même inspecteur-général ; je puis le nommer, et la première lettre de son nom est bien aisée à trouver (1).

L'allure légitimiste a cependant, depuis quelques années, mené à bien les affaires de tel qui fut assez adroit pour n'être récalcitrant que le temps nécessaire pour se faire acheter. Aussi, avec quelle déférence on écoutait les conditions de la capitulation, lorsque le vaincu daignait se rendre. La spéculation fut à tel point profitable que, bientôt, la contrefaçon s'en mêla,

(1) C'est un A.

c'est à dire que Jeannot, voulant obtenir quoi que ce fût, faisait greffer à son nom de paysan celui de son pays, afin de pouvoir inscrire sur ses cartes de visite : Jeannot *de Chauny*; et, personne ne me contredira, telle grâce qui eût été refusée à Jeannot tout court, fut accordée à Jeannot de Chauny ; pourquoi ? pour avoir des ralliés, monsieur! disent les habiles (1). Eh mais ! depuis que le monde est monde, la famille de Caïn a-t-elle fait fusion avec celle d'Abel ? Les castes des Indous font-elles fusion entre elles ? Ce qui est blanc sera toujours blanc, a dit l'Empereur, et *Marquis* chocolatier est-il pair des Larochejacquelein ? La fusion des partis politiques est aussi possible que celle des nations. Or, tant que sur cette terre on verra des compartiments géographiques élevés par la nature, aussi longtemps on verra des nations différentes, malgré les chemins de fer et malgré que la plus haute des montagnes n'ait, au dire de mon professeur de géographie, pas plus de hauteur, relativement au diamètre de la terre, que n'en a l'aspérité d'une orange, relativement à ce fruit. La fusion ne sera possible que lorsque notre globe sera aussi uni qu'une bille de billard ; penser le contraire est le vœu d'un honnête homme ; mais, en réalité, une utopie politique (2).

(1) « Général, c'est une nouvelle victoire que vous venez de remporter, » dit un *auguste* personnage au général de Lamoricière, qui lui annonçait son mariage, faisant allusion, ajoute spirituellement l'*Arkhbar*, à la position légitimiste de la fiancée.

(2) *Vieilleville*, homme de sens et de modération, appartenait à la

Car, en y réfléchissant, la *fusion in extenso*, c'est le communisme.

Malgré trente-six ans d'âge, dix-huit de services, une campagne de Russie, une en Saxe, une en France et Waterloo, j'avais conservé une candeur que le soleil de Staouëli n'avait pu faire fondre, car je crus, quand vint 1830, que, les roturiers qui avaient dû être classés sous le régime aristocratique, après tout ce qui portait blason, allaient, cette fois, trouver la carrière dégagée de tout obstacle dressé par les vieilles coutumes; mais, on ne saurait trop le répéter : Dieu est grand! or, il a voulu que, sous la restauration, nous fussions annihilés en qualité de bonapartistes; sous la restauration de la restauration, annihilés en qualité de légitimistes ; et, sous le régime de la charte-vérité, annihilés pour cause de paupérisme. Prolétaires bernés sous tous les régimes, nous grandissions en âge; mais vieillir est un crime que la raison d'état ne pardonne pas, donc, à quarante-cinq ans, nous fûmes notés comme tarés, et peu propres à devenir officiers supérieurs; pourquoi ? je vais vous le dire.

Un des faits saillants de la réaction qui a eu lieu contre tout ce qui avait fait partie de l'empire, est l'invasion des moutards sur la scène publique, qui vinrent traiter cavalièrement de ganaches, perruques,

---

classe des hommes, dits politiques, qui, comme le dit Schiller, en voulant réunir les partis qui se haïssent, ne parviennent qu'à déplaire eux-mêmes à tous. (BUCHON, 5 juin 1836.)

momies et fossiles, tout ce qui n'était pas né en même temps qu'eux.

L'armée, qui vivait du souvenir de ses triomphes, qui était forte de la mâle vigueur de ceux qui, après avoir combattu à Moscou, venaient de terrifier les Arabes; qui se sentait la force de lutter de nouveau dans ces combats de géants, où l'Europe avait vu succomber l'élite de ses soldats, l'armée prise à l'improviste, fut cernée, étonnée, vaincue par une bande d'enfants, qui se mirent à la place des vieux capitaines (1). Par vieux, j'entends expérimentés à la guerre, comme le dit Montluc.

Qui donna tant de puissance à cette bande d'écoliers? La camaraderie des princes; l'aîné n'avait pas vingt ans! il était jeune et il n'aimait pas ce qui était plus âgé que lui, alors ce fut le triomphe du bambinisme. Nul ne fut reconnu propre au commandement, si déjà il commandait, depuis longtemps, avec distinction, et s'il était né avant la bataille de Marengo.

Les hommes de valeur qui avaient quelque respect d'eux-mêmes, se retirèrent par respect aussi pour le prince, afin de lui éviter la faute de traiter comme ignares des érudits modestes, et comme nulles, des expériences si chèrement acquises. Car le jeune

(1)   Mirmidons, race féconde,
        Mirmidons
    Enfin nous commandons.
            (Béranger: les *Funérailles d'Achille*.)

homme, nouvellement sorti du collége, se posait en professeur de stratégie. Lorsqu'il ne vit plus autour de lui que des généraux qui, de la guerre, ne connaissaient que la pratique fougueuse, et non verbeuse, du champ de bataille, et s'extasiaient devant cette faconde brillante, fraîchement fourbie dans les écoles, il se crut profond ; car ils étaient muets et, quoique courtisans intéressés, leur mutisme passa pour de l'admiration ; de là à se croire grand homme, la conséquence était naturelle, d'autant que son entourage se haissait à la hauteur de ses bottes à l'écuyère.

Nul n'a été l'objet de plus d'adulations ; on a labouré, semé et récolté, en son honneur, tout le champ du compliment et des louanges, compris entre Anvers et les Portes-de-Fer. Cette dernière promenade militaire, devenue facile, grâce à Mokrani (1), éclipsa la campagne d'Egypte. Enfin l'on chanta pour lui : *Gloria tibi Domine*, sur la même note qu'on l'avait chanté, lors de la prise du *Trocadéro*, par le duc d'Angoulême ; cependant, il ne faut pas oublier qu'au Trocadéro on s'est battu : qu'eût-ce donc été que l'ovation, s'il avait gagné la bataille d'Isly !

Ses admirateurs (2), désintéressés sans aucun

(1) Les soldats avaient donné à Mokrani et à son fils, les sobriquets de *Macaroni* et son fils *Vermicelle*.

Il fit un assez bon marché en nous laissant passer, moyennant finance.

(2) Et cela leur sera pardonné, car ils auront beaucoup aimé. (Evangile.) 20 avril 1848.

doute, s'emparaient avec une fiévreuse avidité du bulletin qui donnait la légende des faits et gestes de cette gloire naissante, puis le lisaient bien haut, le commentaient avec fracas, l'étiraient avec toutes les forces de leur imagination et s'écriaient dans une exaltation, sincère sans aucun doute : O patrie ! bienheureuse France ! tu as produit un grand homme de plus, nous en sommes fiers pour toi ! puis, se ruant dans toutes les directions, ils entonnaient une fanfare de *Magnificat* et de *Te Deum*, qui se terminait quelquefois par un vaste éclat de rire, lorsqu'ils étaient assez éloignés pour que l'écho de leur chant ne pût parvenir à l'oreille du triomphateur.

Quand on songe que cette comédie se joue depuis l'invention des princes du sang, on désespère du bon sens de l'espèce humaine.

A côté de ce flamboyant mérite, on pouvait reconnaître une véritable capacité qui, loin d'avoir les allures d'un garde française, d'un collégien émancipé ou d'un dandy artiste, savait se maintenir au deuxième rang, sans être éclipsé, avec cette modestie grave que les uns accusaient de timidité, d'autres de fierté aristocratique ; il savait prouver sa supériorité, tout en accordant à chacun le prix de sa valeur réelle. Mais la consigne était donnée, et il ne lui était pas permis d'atteindre les cent coudées sur lesquelles on élevait son frère.

De tout ce feu d'artifice d'adoration, de toutes ces fusées d'admiration, il est bien retombé quelques baguettes sur le nez de celui en faveur de qui il était tiré; aussi, une grande sagesse (1) qui avait prévu les conséquences d'un caractère à la François Ier, afin d'empêcher que ce *grand garçon ne gâtât tout* (2), avait, pour l'avenir, donné à cette turbulence présomptueuse une compagne destinée à devenir une régente modératrice, par l'ascendant de ses grâces natives et de son esprit élevé.

En attendant, l'élan était donné; il fallait être jeune à tout prix. Les inspecteurs généraux de soixante ans disaient que les capitaines de quarante n'étaient plus bons à rien.

Pas un officier supérieur de cinquante ans n'avait un cheveu blanc, tous avaient la moustache noir d'ébène; l'eau d'Afrique, l'huile de Macassar, la pommade du lion, la célénite, le clysopompe, avaient une place honorablement réservée dans les cantines de ceux qui aspiraient aux étoiles : *Sic itur ad astra,* était écrit sur cette boîte aux onguents.

Si le mobile qui causait ces efforts de palingénésie, n'avait produit qu'une comédie, c'eût été risible; mais, de cette monomanie d'allures juvéniles, résulta une conséquence terrible, c'est que, non-seulement il fut de mode, mais encore admis en principe, qu'une récompense devait être *l'escompte* des services à rendre, et non la reconnaissance des services rendus. Mons-

(1) Une princesse dont la mort a hâté la révolution.
(2) Mort de Louis XII, au sujet de François Ier, alors duc d'Angoulême.

trueux paradoxe, qui détruisit le dévouement, la fraternité d'armes, le respect dû à ses supérieurs et enfanta le découragement, la basse envie, et l'indécision du devoir dans les crises politiques.

Transporté d'une ardeur chevaleresque, je voulus fournir une lance contre les tenants de cette hérésie nouvelle, sans calculer que les forces pouvaient trahir mon courage, sans compter toutes les têtes et toutes les queues de ce nouvel hydre; j'apostrophai ainsi ceux qui s'en déclaraient les soutenants, ou souteneurs.

QUELQUES OBSERVATIONS
sur
L'AVANCEMENT AU CHOIX.

>Faites-vous des amis prompts à vous censurer.
>(BOILEAU.)
>La bonne foi n'est pas infaillible.
>(CARION NIZAS.)

M. B....., capitaine au port royal d'état-major, vient de faire paraître dans le *Spectateur militaire* (1) des observations sur les tarifs de solde et les appointements des officiers. Le noble langage avec lequel il s'exprime est digne de tels intérêts; cependant, on lit à la note de la page 10, à propos de l'avancement, ces mots, qui paraîtront mal sonnants à l'oreille de plus d'un ancien : Il me semble, dit-il, qu'*à droits tout à fait*

(1) Voir le *Spectateur* du 15 février 1840.

égaux, quand il s'agit de choix, *le plus jeune doit l'emporter.*

Bien que notre camarade ait attendu d'avoir joui de la première classe et d'avoir approché quarante ans (ainsi qu'il le dit) avant d'énoncer cette proposition, il est douteux, s'il jouissait depuis fort longtemps de ces prérogatives, il est douteux qu'il se déclarât pour l'émancipation des générations nouvelles, qui s'inquiètent ordinairement assez peu des services de leurs devanciers. Toutefois, c'est avec la réserve : *il me semble,* qu'il donne son opinion, ce qui fait penser qu'il s'attendait à une controverse que nous allons essayer d'établir.

Et d'abord, qu'est-ce qu'un droit? et puisque, dans ce qui est du domaine de nos sens, il n'y a pas deux choses identiques, comment peut-il arriver qu'il y ait des droits tout à fait égaux?

Le mérite n'a que des titres, l'ancienneté seule à des droits.

Mais ce n'est pas une raison pour que ces titres soient mis à néant, ce qui aurait lieu si, à droits prétendus tout à fait égaux, le plus jeune l'emportait; car l'âge, ordinairement, implique aussi un nombre supérieur d'années de service à l'expérience.

L'aptitude, il est vrai, peut être indépendante du nombre d'années de service; mais il n'y a pas de mérite sans services. Encore une fois, à droits presque tout à fait égaux, pourquoi donner la préférence au plus jeune? C'est méconnaître les services rendus, pour récompenser les services futurs; c'est sanctionner sur l'état militaire du corps royal d'état-major, des inscriptions pareilles à celles-ci :

M. Z. né en 1808, entré au service en 1823. — Capitaine en 1833. — Chef d'escadron le 28 septembre 1836.

M. A. né en 1787, entré au service en 1805. — Capitaine en 1814. — Chef d'escadron le 28 septembre 1836.

C'est-à-dire : M. A., entré au service trois ans avant la naissance de M. Z., se trouve aujourd'hui moins ancien chef d'escadron que M. Z., malgré sa supériorité bien reconnue.

Cependant, soyons de bonne foi ; la concision du principe posé par M. B..... est cause, sans doute, qu'il est mal compris, car, en y réfléchissant et en le développant, on peut y trouver les propositions suivantes, qui le modifient quelque peu.

Supposons deux officiers en concurrence pour le choix ; il nous semble que : 1° A mérite égal, l'ancienneté de services *doit* l'emporter ; ou mieux, à titres égaux, l'ancienneté de droits *doit* l'emporter.

2° A mérite et services presque égaux, le plus jeune *peut* l'emporter, quand la différence d'âge est trop disproportionnée ; ou mieux, à titres et droits presque égaux, le plus jeune *peut* l'emporter.

3° A titres, droits et âges tout à fait égaux, il faut consulter le signe des gémeaux.

Maintenant, pour résoudre ces sortes de problèmes, il est nécessaire de donner une définition du mérite, de manière à ce qu'elle ne fournisse aucune chance aux interprétations élastiques. Je m'abstiens de la tâche, car le mérite, sur pied de paix, prend une telle extension, qu'on ne peut le formuler d'une manière concise. En effet, n'a-t-on pas vu donner le titre d'homme de mérite à tel, parce qu'il avait quelque agréable talent de société ? Passe encore s'il eût été électeur ou éligible ; mais tel a reçu de l'avancement, qui ne méritait, à dire d'expert, qu'une médaille d'or ou de platine, première qualité.

Il faut bien que les choses se soient passées ainsi (du reste, M. B... en convient), puisque des circonstances puissantes ont fait regarder la limitation du choix comme étant une mesure d'équité. Hélas ! l'humanité est faite ainsi : il faut des barrières aux circonstances puissantes (1) ; hors de là, plus de salut pour les droits. En conséquence, l'ordonnance qui a créé deux

---

(1) L'abus des influences (mot de M. Guizot) fait partie des circonstances puissantes.

classes de capitaines dans le corps royal d'état-major a stipulé avec sagesse les intérêts de tous. On conçoit que d'excellentes mères de famille eussent préféré qu'elle prononçât l'exclusion du choix aux cent cinquante plus anciens ; mais heureusement qu'il existe encore de vieux soldats dans l'armée, qui ont su défendre les droits de leurs subordonnés. Du reste, l'ordonnance s'est exprimée en langage d'autant plus convenable qu'elle lève la barrière devant l'ennemi.

Bien que dans la première classe il y ait certains capitaines qui faisaient les campagnes de 1812, 1813, 1814 et 1815, pendant que quelques-uns d'entre nous apprenaient à lire, ils n'en sont pas moins aussi actifs et aussi mobiles que les jeunes et ardents collègues de deuxième classe. Quant à nous personnellement, si nous avions pu choisir notre jour de naissance, ou si la fortune nous le permettait, nous n'aurions pas le chagrin de laisser aux impatients la peine de calculer les probabilités de notre existence militaire.

Mais terminons ici cette petite dispute d'intérieur, afin de ne pas altérer notre esprit de famille; nous avons déjà, par la force des choses, trop de difficultés à nous réunir et à nous apprécier, en bons camarades, sans nous faire, entre frères d'armes, une guerre sacrilége.

Rentrons dans la discussion générale du vote de notre camarade.

Livré à l'exploitation des circonstances puissantes, ce principe serait d'abord interprété ainsi : à droits égaux, l'ancienneté doit succomber; dès lors il est en opposition avec l'esprit militaire, et il renverse la discipline. A la rigueur, l'armée, sans esprit militaire, peut monter des gardes et défiler la parade; mais ce peu de choses est impossible sans discipline, et il n'y aura plus de discipline quand on imposera aux inférieurs des chefs qu'ils ne peuvent respecter comme supérieurs, car le mot *supérieur* n'est pas un mot vide de sens.

La discipline est d'autant plus nécessaire que l'esprit militaire s'éteint, la paix l'asphyxie ; il ne s'allume qu'au feu de la guerre, il fait éclore les plus nobles passions. La patrie nous appelle, on part, le canon gronde, et sa voix bientôt familière nous habitue au sacrifice de la vie. Demain, aujourd'hui peut-être tout sera fini pour nous ; alors cette idée, et la nature le veut ainsi, nous porte à chercher à vivre des années dans les courts instants qui nous sont peut-être laissés ; alors, amour brûlant, vif et prompt, ardente amitié, insouciance de l'argent, nous remplissent tellement l'âme et le cœur, qu'il n'y a plus de place pour l'égoïsme, les basses intrigues et les froids calculs de l'industrie ; marquis et roturiers sont égaux devant l'obus, et à la fin d'une bataille, morts ou vivants, tous sont frères. Alors l'armée est une famille homogène, chacun est solidaire de son camarade ; on applaudit à son mérite, on se bat pour lui s'il le faut, et on lui donne sa bourse quand on peut. Mais, en temps de paix, il n'y a qu'ennui, découragement, vanité sans frein, dissentiments politiques, coteries, femmes s'occupant du service, bavardages, intrigues, de l'encre, des plumes et du papier, avec beaucoup de phraseurs distingués, qui ont l'honneur d'être, etc.—Si je me trompe, tant mieux ! Toutes ces vilenies sont autant de chenilles dévorantes, venant dépouiller de ses feuilles le chêne qui devrait porter nos couronnes.

Bienheureux les hommes qui n'ont jamais été blessés par l'injustice ! malheureux celui dont le sang ne bouillonne pas à la vue d'un camarade dont les titres à l'avancement sont méconnus ! L'injustice a mille moyens de frapper ; entre autres, elle préfère, à mérite égal, l'officier plus jeune de service que son concurrent. Alors, elle frappe en outrageant, car elle vous dit : A toi, mépris pour tes services !... Et, quelque bien trempé que soit le compagnon de guerre qui pend à votre côté, il faut, ainsi que le général Foy l'a dit noblement, il faut, martyr du patriotisme, vivre de cette vie morale qui se consume dans la résignation du devoir !... Soit ! mais tout le monde n'a pas la vocation du martyr.

Il est impossible, peut-être, que dans une vaste distribution de récompenses, il ne s'introduise quelques faveurs, nécessaires, dira-t-on !... Accordé ; mais il n'y a pas d'excuses pour les scandaleuses. Il est banal de répéter qu'aucune puissance, qu'aucune autorité ne peuvent s'établir sans le respect des droits, et cependant il faut le répéter.

Lors de son installation comme premier consul, le 25 décembre 1801, Bonaparte a dit : « La république sera formi-
« dable aux ennemis, si les armées de terre et de mer sont
« fortement constituées, si chacun de ses défenseurs trouve
« une famille dans le corps auquel il appartient, et dans cette
« famille un héritage de vertus et de gloire ; si l'officier obtient,
« par un avancement régulier, la récompense due à ses ta-
« lents et à ses travaux. »

Ce programme est à suivre pour satisfaire les vrais militaires, et convenons que cela ne serait pas difficile si on voulait s'en donner la peine.

Du temps de l'Empereur, il y eut sans doute quelques passe-droits blâmables ; avouons, toutefois, qu'ils ne pouvaient alors entraîner de graves inconvénients ; car souvent et très-souvent, une balle rayait l'injustice du registre des grâces : les favoris, à cette époque, payaient de leur personne. Aujourd'hui, par quels moyens peut-on détacher la souillure d'avoir mendié et obtenu l'épaulette qu'on ne méritait pas ? Aujourd'hui, c'est la faveur qui menace de tuer l'armée avec la hache fatale de l'injustice. Il faut empêcher qu'elle ne sape les droits des anciens.

Il ne faut faire fi des anciens ! Les honorer, c'est encourager les jeunes, parce que dans une bonne armée comme dans une famille bien élevée, les jeunes gens se réjouissent des honneurs mérités rendus à leurs frères aînés. D'ailleurs, à quarante ans, on est encore bon à quelque chose : Mahomet avait dépassé cet âge lorsqu'il commença ses triomphes ; Cromwell avait quarante-cinq ans lorsqu'il mit la main sur une couronne ; César n'était pas plus jeune lorsqu'il fit la conquête des Gaules, et Carnot, malgré ses quarante ans passés, sut organiser la victoire.

Au reste, dans la matière que nous traitons, s'il ne s'agissait que de simples intérêts d'amour-propre, je n'aurais pas osé élever la voix ; mais il y a ici une question d'humanité, une question de pain. Voici comment je la pose :

Supposons un capitaine ayant vingt-huit ans de services, capable encore, ainsi qu'il l'a déjà fait, d'aller du Nord au Midi, de France en Afrique, d'Afrique à Strasbourg, de là en inspection (1), d'inspection où l'on voudra ; supposons que deux ans soient nécessaires pour qu'il arrive au grade de chef d'escadron, par ancienneté ; supposons enfin qu'il soit en concurrence pour le choix avec un cadet ayant, par hypothèse, deux ans moins que lui. Par le théorème que nous réfutons, le cadet est préféré à l'ancien, à qui l'on continue de faire marquer le pas pendant deux ans. Au bout de ce temps, voilà l'ancien nommé au grade supérieur, et en même temps il entend sonner ses trente ans de services. Ce même jour, il se casse un bras, on l'ampute, et le voilà, lui, chef de bataillon, avec une retraite de capitaine ! S'il eût été nommé deux ans plus tôt, au lieu de son cadet, il aurait la retraite du grade supérieur !...

Pensez-vous que, pour un homme sans fortune, il n'y ait pas là matière à d'amères réflexions ? Je les recommande à qui de droit, et j'ajoute : L'injustice est d'autant plus blessante, qu'elle ôte du pain à la vieillesse d'un soldat infirme.

Voilà où conduirait le système : A droits tout à fait égaux, le plus jeune doit l'emporter.

Ma brochure eût obtenu le plus brillant succès si elle avait été lue ; ceux à qui je l'ai envoyée, en ont

(1) Toutes expressions de la brochure citée.

allumé leur pipe, et encore je me flatte, peut-être, tout en pressentant qu'on a pu, hélas! en faire un usage moins élevé.

Quoi qu'il en soit, il s'agissait de ne pas me laisser momifier, et, suivant de bons conseils, je cherchai à trouver l'appui d'un patron qui sût, par son crédit, rajeunir mes quarante ans. Avant tout, je cherchai à acquérir l'érudition nécessaire pour être l'interprète exact des pensées de mon général, dans la correspondance qu'il serait obligé d'avoir. Je fis une étude acharnée de la littérature officielle qui s'écoule en cascades bureaucratiques. Je m'enfonçai dans les profondeurs du journal militaire, et me lançai sur cet océan de décisions, afin d'en étudier le flux, le reflux, les remoux, les ballottements, les sacs, les ressacs; j'espérais d'être ainsi un aide utile à quelque inspecteur-général, ordinairement consterné à la vue de cet épouvantable gouffre. J'étais parvenu à rédiger, d'une manière convenable, les protocoles de fin de lettres ; j'avais, je l'avoue, un tact exquis pour composer, modifier et nuancer, avec ornement délicat et perlé, toutes les combinaisons possibles des diverses rations de considération, dont les autorités en écharpe font usage, en guise d'encens ou d'*aschich*, et qui, (pour me servir de l'expression pittoresque d'un général devenu illustre,) est leur *picotin d'avoine*. Un de mes patrons me prit en grande affection, à cause de la manière presque décidée avec laquelle je faisais une enveloppe; cependant, il faut l'avouer, il se mêlait quelques reproches amers à cette admiration de mon talent, car je ne pouvais mettre une adresse sans faire un pâté, et, quoique, à l'égal de Brid'Oison, il sût fort bien ce que c'était, il se mettait dans des colères olympiennes, absolument comme lorsque son potage sentait le brûlé. Tous les grands hommes ont leurs faiblesses, et il en avait pour beaucoup de grands hommes; mais je les supportais, non qu'il fût un grand homme, mais parce qu'il était gourmand. Et lorsque, plus tard, je me trouvai en Afrique avec lui, sa table était toujours somptueusement servie au bivouac; elle était renommée pour le nombre, la succulence, la délicatesse des mets et des conserves, pour la quantité et la qualité des vins, pour l'abondance de l'eau précieusement rafraîchie, au moyen d'alcarazas suspendues aux baïonnettes en faisceaux et agitées par des sapeurs; enfin, on y savourait nonchalamment toutes les jouissances du gaster, à côté de nos soldats exténués de fatigues, et brisant avec la pierre le biscuit que leurs dents ne pouvaient entamer. Ce contraste était fort piquant, je vous assure. Avec quelle délicatesse, le soir d'une razzia, il savait organiser, après boire, un sérail impromptu, où les captives les plus jeunes et les plus jolies, soustraites, par pudeur, à la vue de leur famille, venaient faire oublier aux vainqueurs l'absence de nos beautés de France! Quelques-uns de nos guerriers les plus en renom, habitués, par un long séjour en Afrique, aux mœurs indigènes, ont pu même, sous ce lupanar en toile, satisfaire leurs goûts les plus levantins (1) ; le tout pour honorer la mémoire de la continence de Scipion ; mais, je l'ai déjà dit, on doit pardonner quelques faiblesses aux grands hommes.

Son cuisinier, qui était cordon bleu, lui fit donc obtenir le cordon rouge, et je me trouvai récompensé ainsi dans la personne de mon chef ; ce qui m'est arrivé presque avec tous les patrons qui ont embelli ma carrière : car, charité bien ordonnée commence toujours par soi-même ; or, en vertu de ce principe, mes chefs avançaient et moi je marquais le pas ; non, en vérité, qu'ils ne fissent de mon caractère et de mon valoir la plus forte estime ; mais, hors du service, à quoi pouvais-je leur être utile ! Je n'étais pas un homme non plus à ménager, puisque je n'appartenais à aucune puissante famille, et, qu'en fait de contributions, je ne payais que celle personnelle ou mobilière, lorsque j'étais en France (peu de chose, je vous assure).

Cependant, vous le savez, il y a des moments où, selon les impressions de l'atmosphère ou de la digestion, on se sent disposé à soulever le monde, plutôt que de se laisser écraser ; lorsque mon amour-propre se sentait excité, j'étais résolu à tout, même à me faire solliciteur. Des conseilleurs, qui ne sont pas des payeurs, me disaient : Allez, mettez la honte de côté,

---

(1) Le feu du ciel, tombant comme autrefois sur une ville maudite habitée par lui, le réduirait, le premier, en cendres, comme la victime la plus immonde. *(Akhbar,* 7 février 1847.)

faites comme tout le monde ; tâchez de réunir une pléiade de députés qui puissent devenir l'étoile de votre bonheur. — Solliciter! mais mendier a quelque chose de plus digne; car, enfin, c'est à la face du public que, dans la rue, le pauvre demande son nécessaire; tandis que solliciter, c'est mendier honteusement en cachette, un superflu dont l'amour-propre a fait un besoin factice : Bélisaire mendiait, et on lui a crevé les yeux parce qu'il n'a pas voulu solliciter. Il faut faire un peu de tout; je me mis donc en route, et, chapeau bas, souriant avec un air humble, je me présentai, le haut du corps gracieusement courbé et légèrement contourné en spirale; je cherchai à m'introduire chez quelques-uns de nos hauts barons de l'époque. Je ne me rebutai ni de la grossièreté des concierges, ni de la mine moqueuse des valets de chambre, ni des airs macairement superbes de mes futurs protecteurs. C'était, il est vrai, un volcan d'admiration, de leur part, à la vue de mon état de service, et, lorsqu'ils entendaient le fidèle récit de certaines injustices, bien prouvées, que j'avais subies; mais, lorsqu'à leur interrogation : Comment diable, est-ce possible? je répondais : Je n'ai pas de famille; mes protecteurs, anciens généraux de l'Empire, sont en discrédit ou en retraite, et je n'ai pas de fortune. — Alors ils disaient : Ah diable!... Puis, j'étais congédié, assez sans façon, avec la formule : Je verrai, je parlerai au ministre, soyez sûr de mon intérêt.

Les plus consciencieux parlaient de moi au directeur du personnel, en disant : C'est bien dommage que ce pauvre diable (1) n'obtienne pas ce qu'il mérite. A quoi, le directeur, pour ne pas désobliger le député, répondait : C'est vrai, c'est un officier bien noté, mais que voulez-vous, il est comme Richard Cœur-de-Lion, l'univers l'abandonne; hi! hi! A quoi le député, pour ne pas désobliger le directeur, répondait en riant : C'est très-drôle! Puis, de votre soussigné, il n'en était plus question, si ce n'est pour lui jeter, en passant, lorsqu'on le rencontrait, ces mots d'une insultante protection : Prenez patience, mon cher, ça vous viendra. Et malgré cette dédaigneuse ironie, j'avais encore la lâcheté d'aller, au nouvel an, déposer une carte à doubles cornes à la porte de ces potentats!!!

N'ayant pas réussi par la méthode humble, je voulus essayer de la cavalière, c'est-à-dire me camper sur la hanche, tendre le jarret et crier partout d'une voix de tocsin : Croiriez-vous bien, monsieur, qu'il n'y a cependant pas deux officiers de ma trempe dans toute mon arme, et que le gouvernement se fait un tort affreux en ne s'empressant pas de donner à mes services tout l'avancement qu'ils méritent et celui qu'ils mériteront!

Je sortais pour tenter l'aventure, lorsque mon or-

(1) Comme qui dirait : Cancre, pauvre hère, qui n'est pas électeur ! Que peut-on faire de ça ?

donnance, brave Alsacien, me dit : Mon capitaine, vous avez tort, vous vous dérangez ; parole d'honneur, ça vous fera mal ; quand vous revenez de chez ces pékins-là, vous êtes tout chose, et vous me bourrez, comme si j'étais cause qu'ils sont au monde. Tenez, mon capitaine, je ne crache pas sur la vendange, c'est véridique, vous le savez, eh bien ! j'aimerais mieux lécher la plante des pieds d'un chameau, que de solliciter ; tenez, moi, qui vous parle, j'ai refusé la protection de mon cousin le boucher, qui élève des bœufs, et qui, avec leurs langues, procure des voix aux éligibles ; il voulait me faire nommer trompette-major, par le canal de sa femme, qui est dame de charité, et qui s'abouche avec le colonel, pour la bienfaisance de la chose ; ils sont au mieux, quoi ! tous les trois ! — Non, que j'ai dit, je ne suis pas ambitieux, et : *Plutôt la mort que l'esclavage, C'est la devise du Français !* (Vous savez l'air ?) La santé avant tout, que j'ai dit, je n'ai pas envie de me détruire l'estomac, pour *celui* d'être en tête du régiment à souffler dans un tuyau en cuivre, pour flatter les oreilles des chevaux ; merci ! ça altère trop ; avec ça que je n'ai pas seize mille livres de francs de frais de représentation, pour étancher ma soif. Je panse les chevaux du capitaine, ça me suffit, mais je ne l'ai pas sollicité ; au contraire, *c'est eux* qui me sollicitent du pied pour avoir l'orge ; il n'y a pas jusqu'au chien, quoi ! qui se frotte à mes bottes, quand il flaire la soupe ; eh bien ! toutes ces bêtes-là, sauf votre respect, se contentent de leur ration ; c'est pas comme les hommes !

Le discours de Gaillardet n'était pas éloquent, mais j'étais humilié d'être au-dessous de sa philosophie, et presque indigne de panser son cheval, puisque j'étais solliciteur !

C'est rempli de philosophie ce que tu dis là, Gaillardet. — C'est possible, mon capitaine, mais je ne l'ai pas dit exprès, attendu que je ne sais pas ce que c'est que la philosophie. — C'est savoir supporter les privations et se contenter de ce qu'on a. — Eh bien ! vous pouvez vous vanter d'avoir une ordonnance et des chevaux philosophes ; et vous, mon capitaine ? — Le serais-tu, toi, s'il manquait quelque chose au bonheur, ou même au nécessaire de quelqu'un que tu aimerais bien, de ta mère, par exemple ? Serais-tu content si, ayant mérité qu'on te payât le nécessaire, on te l'enlevait pour le donner à quelqu'un qui s'en servirait pour acheter des cigares ou du vin de Champagne frappé à la glace ? — Je n'avais pas pensé à cela, et si j'étais Abd-el-Kader, je couperais la tête à celui qui me ferait cette farce. — Eh bien ! mon cher Gaillardet, cette farce-là se joue tous les jours, et, tous les jours, l'avancement mérité que l'on ravit à un digne officier qui nourrit sa famille, pour en décorer un protégé, prolonge la gêne de cette famille, pendant que le protégé emploie l'augmentation de ses appointements en achats de cannes et cravaches de bon genre. Il est vrai que cela fait vivre le marchand de cannes ; mais il me semble que l'officier et sa famille ont le droit de vivre aussi, jusqu'au jour où il se fera tuer.

Ainsi, mon cher Gaillardet, tu es plus heureux que bien des officiers ; chaque année, depuis que tu es avec moi, tu as mis 150 fr. de côté ; eh bien ! c'est ce que je n'ai pas pu faire, moi qui te paye, ou plutôt qui ajoute quelque chose à ta paye. Tu sais lire et compter, eh bien ! vois :

Je reçois 2,800 fr., ci. 2,800
Je dépense par an :
Pour le chapelier. . 30 fr.
Bottier. 72
Tailleur. 500
Passementier. . . . 200
Linge. 100
Toilette. . . . . . 60 y compris le tabac.
Blanchissage. . . . 150
Logement. 240
Chauffage. 100
Lumière. 72
Service. 180
Nourriture. 900
     2,604 2,604
      Reste. 196

Avec 196 fr., il faut que je pare aux faux frais, achats de livres, armes, étrennes, papier, plumes, encre, port de lettres, politesses rendues, souscriptions, pharmacien, contribution personnelle, etc., et soutenir ma famille. Je ne parle pas des dépenses d'un ménage, mais d'envois faits à une mère ou à une sœur. Il ne me reste rien, bien heureux si je ne me suis pas arriéré !

Lorsque les bornes de ce désastreux budget sont dépassées pour une cause imprévue : une disponibilité, des épaulettes souillées au bivouac, des habits brûlés dans un incendie, ou un schako percé par une balle, on n'en tient compte en haut lieu ; et si, par suite des difficultés que vous éprouvez à combler le déficit, vous apportez quelque retard à payer vos fournisseurs, aussitôt, si vous n'êtes fils de famille, vous recevez, signé *Martineau*, une éloquente admonition, élaborée au bureau fondé pour et par les tailleurs ; vous êtes sommé, au nom du ministre, transformé en huissier par la sollicitude dudit Martineau, de solder au plus tôt le sieur Maës, par exemple, qui roule en cabriolet actionner contre les débiteurs qui, autrefois, lui donnaient une pièce de 30 sous, lorsque, premier garçon du sieur Duret, il venait, de la part de son maître, apporter une culotte neuve. En agissant ainsi, M. Maës, tailleur du roi des Belges, laisse à penser que son auguste pratique le met dans la nécessité d'avoir de l'argent à tout prix.

Or donc, ledit bureau, fondé en faveur des tailleurs, sans s'informer au bureau respectif de l'arme à laquelle appartient l'officier, quelle est la moralité du débiteur, intente procès avec autant de vivacité pour

150 fr. d'arriéré, causé par force majeure, que s'il s'agissait de 5 ou 6,000 fr. de dettes contractées pour joyeuse vie en l'honneur des dames, ou par suite de jeu en bonne société. On fait grand tapage à l'endroit du prolétaire, on lui donne des craintes pour son avancement, tandis que l'on hausse de quelque cran celui du monsieur qui a un nom, afin qu'il puisse, ce que l'on appelle : faire honneur à ses affaires.

Pour faire honneur à ses affaires, ne reçoit pas qui veut, à titre de largesses, des chevaux de razzia, que l'on revend cher ; ne reçoit pas qui veut un grade de plus, ou des missions gouvernementales qui, au bout de l'année, vous produisent un profit de 6,000 francs ; ne reçoit pas, qui veut, 20 ou 30,000 fr., pour payer la cire qui scellera un traité avec le Maroc ; ne reçoit pas qui veut, ... etc. A un pauvre diable, comme votre serviteur, que l'on envoie en Afrique, on lui donne 700 fr. d'indemnité d'entrée en campagne, et avec cela, il faut qu'il achète deux chevaux qui coûtent, au moins, 600 fr. pièce ; donc : 500 fr. de déficit ; perdez un de ces chevaux, en expédition, on le rembourse 450 fr ; donc, en risquant votre peau, vous risquez encore de perdre 50 écus.

O vous qui avez 12,000 livres de rentes, réjouissez-vous, quoi qu'en dise Sénèque, car la richesse rend indépendant, et vous vous faites estimer des tailleurs.

Voici, mon cher Gaillardet, la cause de bien des ambitions : le noble désir de pouvoir aider sa famille ; mais, comment y parvenir quand, indépendamment des causes d'arriéré qui ne sont pas du fait du gouvernement, il s'en présente encore qui sont bien de son fait ? Telles, par exemple, que la disponibilité. Je connais tel officier qui a été blessé (1), bien involontairement, tu peux le croire, pendant un an, ce qui a formé un total de 1,800 fr. de déficit dans sa bourse. Si chacun des cent cinquante capitaines a été taxé à la mène amende que lui, cela a dû produire, en dix ans, un bénéfice de 1,400,000 fr.

Comme je le disais : pour faire honneur à ses affaires, n'a pas qui veut tout ce qu'il lui faut. N'est pas qui veut un de ces privilégiés qui, depuis bientôt trente ans, n'ont pas quitté les trottoirs de Paris, et ont profité des dispositions confortables qu'on y trouve, pour y créer des relations commerciales, acheter des actions et devenir député. — Excusez ! dit Gaillardet, j'en aurais bien fait autant. — Assez causé, va seller mon cheval.

Je n'aurais jamais pu faire comprendre tous les

---

(1) Je ne tiens pas compte ici de la demi-solde qu'il a subie lors du licenciement de l'armée en 1815, c'était un sacrifice fait à la patrie ; mais il n'en est pas de même de ces sortes d'économies que l'on pratique par voie de disponibilité, et qui se transforment, je le crains bien, en petits fonds secrets pour pourvoir, par exemple, aux frais de poste de MM. les intendants militaires, qui se font appeler en consultation à Paris ; frais de poste aux missionnaires, cadeaux d'étrennes aux chefs, sous-chefs, expéditionnaires, garçons de bureaux, loges aux spectacles, pour dames comme il en faut, etc., etc., etc.

4

obstacles qu'il faut vaincre, pour faire partie de ce cercle de privilégiés qui fournit perpétuellement les mêmes individus aux positions diverses auxquelles devraient parvenir, à tour de rôle, tous les officiers d'un même corps (1).

Mais les installés, à force de crier qu'ils sont indispensables, ont fini par le persuader. Bonaparte a dit qu'il n'y avait pas d'hommes indispensables. En effet, Charlemagne, Louis XI, Louis XIV, l'Empereur, le duc d'Orléans, sont morts, et la France poursuit sa carrière; mais les familiers du ministère et du Rocher de Cancale ne sont pas de cet avis. Aussi, gare au candidat nouveau qui se présentera pour goûter du gâteau; gare à lui, s'il n'est soutenu par le pouvoir ou la fortune, ce qui est tout un; gare à lui, s'il ne se recommande que par ses services, une conduite honorable et le besoin d'être utile aux siens. Haro! que veut-il, cet intrus? Quel présomptueux! être soldé comme nous! approcher

---

(1) « Quant à être placé à Paris, ainsi que vous le désirez, je ne
« vous cacherai pas, que c'est chose fort difficile, à cause du petit nom-
« bre de chefs d'escadron qui y sont employés et des puissantes recom-
« mandations que font valoir les solliciteurs, avant même qu'il y ait des
« vacances. Il ne s'en trouve du reste aucune en ce moment; si toute-
« fois il venait à s'en présenter une, je ferais tout ce qui dépendrait
« de moi pour chercher à vous voir appelé à la remplir; mais les con-
« currents sont si redoutables et si nombreux, que je ne puis que
« vous dire de nouveau le plaisir, qu'en toute occasions, j'aurai,
« mon cher Z..., à vous être utile.
  « Recevez, etc.
                          « *Le Général directeur du personnel.* »

des princes ! un homme sans consistance ! — Fi donc ! allons mon cher ! rendez-vous justice : Va ! va ! marche ! tu es de la race d'Asvhérus ! en route !

Ainsi parle la congrégation parisienne qui semble n'être, pour ses camarades, qu'une sorte de succursale de Bokrani ou d'Etrangleurs.

Allons ! me suis-je dit, en route ! marchons ! Je demandai d'aller en Afrique, de faire partie de l'expédition dirigée sur Mascara, et à laquelle un prince devait prendre part; mais toutes les places étaient données à des privilégiés, absolument comme aux premières représentations d'auteurs en vogue. Les hommes à stalle sociale furent seuls admis à être cités dans des bulletins préparés à l'avance.

J'éprouvai le même échec lorsqu'il s'agit de l'expédition de Constantine; et, enfin, je ne reçus l'ordre d'aller en Afrique que lorsque c'était passé de mode, et que l'on donnait cette destination comme remède héroïque pour provoquer des démissions. J'obéis, parce qu'il était de mon devoir et de mes goûts de le faire, et parce que je n'étais ni fils de maréchal de France, ni assez *éligible* pour m'y refuser.

Lorsque je partis pour l'Afrique, quelques bons amis plaignaient ma destinée, non parce que les Arabes coupaient des têtes, mais parce qu'on y était exposé à être ce que l'on nomme *noyé* par les camarades.

A Paris, me disait-on, on voit en vigueur la société des Etrangleurs ; en Afrique, vous trouverez celles des Khouans (1), qui chantent continuellement et mutuellement la glorification des uns et des autres. Il y a une affiliation mystérieuse à ce banquet arabique, où l'on se repasse la coupe enivrante du nectar de l'avancement.

On n'est admis qu'autant que l'on a langue, dents et bras longs : au dessert, on chante chacun pour soi !

Et l'on sort sans s'embrasser, c'est la seule franchise que vous trouvez là-bas.

Si, par malheur, un nouvel arrivant se présente, les khouans s'agitent comme ces oiseaux habitants d'un clocher de village, troublés dans leur asile par quelque nouveau sonneur.

Qu'est-ce qu'il est, celui-là ? Voyons l'Annuaire ; quelles sont ses protections ? Comment se porte-t-il ? Est-ce un officier d'avenir (2) ?

Si vos alentours sont puissants, on vous affiliera ; s'ils ne sont que médiocres, on vous coulera ; s'ils sont nuls, on vous classera dans les nattes, tapis, marche-pieds, biskris ou bourriquots !

Je fis observer à mon *Cicérone* qu'il ne faisait nul-

---

(1) Voir l'ouvrage si savant du capitaine de Neveu.

(2) L'officier d'avenir et d'énergie est celui qui, ayant 15,000 livres de rentes, peut crever des chevaux *ad libitum*, à force de galoper. Il suffit qu'il galope, parce que le vulgaire, par suite d'une sorte de mirage, voit dans le cavalier le feu, l'énergie, l'activité, l'élan du cheval.

Si un officier calme, patient, résigné, un peu de l'ancienne école, attend avec aplomb les ordres au lieu de les provoquer, de les souffler, de les énoncer, il passera pour un molasse.

lement patte de velours ; il me répondit comme feu M. Martin : C'est que j'ai vécu.

Nous n'avions sans doute pas la même manière de voir, car je ne trouvai en Afrique que des chefs sans défauts et sans vices, soutiens du faible, modérateurs du puissant, ennemis de l'injustice, et ne tenant compte que du mérite intrinsèque de leurs subordonnés, sans tenir compte, ce qui est un grand tort, de leur valeur aristocratique ou financière. Je ne trouvai, en Afrique, que des camarades loyaux, serviables, désintéressés, sans ambition exagérée, sans jalousie les uns des autres, prenant la défense d'un émule au lieu d'être son détracteur, conservant leur dignité individuelle auprès du pouvoir, dont ils étaient les zélés serviteurs, sans en être les obséquieux courtisans. Enfin, une telle manière d'être, en général, que je me disais, hélas ! il est impossible que cela dure, c'est trop beau !

Cependant, il fallut se faire une raison et accepter les choses telles qu'elles étaient. C'était donc un vrai délice que de vivre dans cette atmosphère épurée de toutes les souillures qu'engendrent la mauvaise foi, la partialité, le pédantisme, le charlatanisme, la rapacité, l'injustice et autres qualités diaboliques. Les jeux olympiques n'ont dû être qu'un jeu de marionnettes auprès de ce spectacle, où l'on voyait à la fois, civils et militaires, faire lutte et assaut de toutes les vertus qui sont l'apanage du citoyen, du gentilhomme et du soldat.

Un seul fait me choqua, c'est que, un jour, à la table de M. le maréchal, j'avais été traité de *roumi* par un grand monsieur à collet d'or, barbe idem, qui me désigna ainsi à un autre monsieur également bien couvert d'or et de barbe : c'étaient deux interprètes, qui m'appliquaient cette épithète, non avec la charité chrétienne que ce mot devrait inspirer, mais avec ce sourire de considération qui signifiait : Roumi, exotique de France, qui vient apprendre la Fantasia, et que nous écraserons s'il en vaut la peine.

J'étais trop occupé de la grandeur du spectacle qui allait se dérouler devant moi, pour attacher plus d'importance que cela ne méritait, à un propos de table, qui ressemblait fort à ceux dont les Espagnols se soulagent au dessert, avec permission de l'étiquette. J'avais impatience d'admirer de près ces hommes déjà célèbres, à qui la fortune avait réservé l'honneur de dominer l'Afrique. J'avais hâte de voir et d'étudier cette terre nouvelle, si altérée de nos sueurs et de notre sang.

J'avais impatience d'assister aux combats livrés à ces peuplades diverses, dont la puissance instinctive les animait d'un sentiment commun de haine contre l'étranger : noble exemple donné par de prétendus sauvages à la nation qui passe pour la plus civilisée du monde.

Lorsque je me rendis bien compte des motifs qui les poussaient à l'énergie de la résistance, je ne m'étonnai plus que ces peuples, qui n'ont d'autre croyance qu'en Dieu seul, d'autres distractions que l'agriculture ou le soin des troupeaux, d'autres plaisirs que la chasse aux sangliers, le maniement des armes et l'amitié des chevaux, d'autre poésie que la prière, je ne m'étonnai plus que de tels hommes ne se précipitassent pas en foule aux bureaux d'abonnement de nos journaux, pour lire *la Croix de Berny* au lieu du Coran, et ne quittassent pas les filles d'Habraham pour les rats de l'Opéra. Je ne m'étonnai plus que des peuples, qui vivaient ainsi depuis Noé, n'aient pas accroché leurs burnous et leurs chachia aux palmiers du désert, pour porter le chapeau Gibus et l'uniforme du contentieux, si recherché des hannetons.

Avec une telle estime des peuples vaincus, quelle devait être ma respectueuse admiration pour les chefs des vainqueurs! Enfin, me disais-je, il m'est accordé par le destin d'approcher de ces géants de nouvelle formation, qui brillent d'une gloire émule de celle des Kleber et des Desaix! je m'arrêtais avec extase devant ces portraits appendus aux devantures des boutiques de marchands d'estampes : quelques-uns de ces portraits annonçaient des caractères d'énergie et de capacité; mais d'autres, affublés de burnous, maladroitement drapés, me représentaient des pratiques de l'école de natation près de se noyer.

Ces images ne me suffisaient pas, j'avais appétit de la réalité, voir Jusuff et Marengo au naturel, et puis mourir, tel était le cri de mon cœur.

Cela vous sera difficile, m'assura-t-on, ils sont

toujours par monts et par villages ; toujours en l'air, on ne peut, pour ainsi dire, les attraper qu'au vol ! Il y a entre eux une sorte de rivalité, d'agilité. L'un est le Murat de l'Algérie, l'autre le Robinson ; l'un le commis-voyageur, l'autre le fermier ; l'un l'épée, l'autre la charrue ; l'un le cheval, l'autre le bœuf ; l'un le feuilleton, l'autre la réclame : à Jusuff, le désert, à Marengo le Sahel ! Le premier, auteur de drames fantastiques ; le second, auteur de scènes pastorales du goût le plus naïf, et littérateurs tous deux (1).

Marengo s'enorgueillit d'avoir eu l'Empereur pour parrain ; le parrain de Jusuff s'enorgueillit de son filleul, digne d'être empereur de Maroc.

L'un porte au chef d'or, en champ de gueule, la baguette de Moïse, la croix et le croissant, en faisceau, couvert d'un nuage, avec deux bâtons de chaouch pour supports, et cette devise : *Quo usque !* (2).

(1) Auteur de brochures intitulées : *Méthode abrégée pour tondre les chameaux* ; et, *Manière d'employer les moutons à la remonte de la cavalerie.*

(2) Lorsque le général Jusuff est forcé de descendre de cheval, ou de calèche, pour se livrer, ainsi qu'un simple Auvergnat, à la marche à pied, il a, dans l'allure, un balancé et un ondulé qui indiquent son peu d'habitude de toucher à la terre ; aussi, pour se maintenir en équilibre, appuie-t-il la main gauche sur la poignée de sa colichemarde, de façon qu'elle se tient horizontalement, comme les épées de marquis, du temps de Molière, ou celles des Scapins du même auteur.

On ne m'en voudra pas, je l'espère, d'avoir esquissé le portrait d'un si grand homme ; cette ébauche est imparfaite, je ne me le dissimule pas, et je sais qu'il y a comme une sorte de profanation à mutiler un si beau type ; mais on me pardonnera, en faveur de l'intention. Je

L'autre porte au chef d'argent, en champ d'azur, une houlette et des pipeaux, avec deux boulets pour supports, et cette devise : *Oui, moussu le maréchal*.

Quoique désillusionné sur bien des choses, rien ne désire apporter ma pierre au monument qui sera élevé à la gloire de ce héros.

Quel que soit le jugement qui sera porté sur mon œuvre, j'espère aussi qu'on ne verra, dans mes intentions, que le culte de la vérité.

Si quelques dévoués, trop chatouilleux, m'accusaient d'irrévérence; si, exaltés par leur fanatisme, ils allaient jusqu'à m'accuser d'indiscipline, je répondrais : Jusuff n'est pour moi, pas tant général qu'Abd-el-Kader, il n'est qu'un indigène, à qui j'applique les expressions suivantes, d'une lettre du ministre de la guerre, en date du 29 mai 1846 (bureau de la cavalerie) : « Cet étranger, d'origine (M. A...), ne peut
« se prévaloir des lettres de naturalisation qui lui ont été accordées,
« pour se faire relever de sa position d'officier indigène, attendu,
« qu'en principe, la naturalisation des officiers étrangers a pour effet
« de les admettre à jouir des droits civils et politiques, mais nullement
« de leur conférer la qualité d'officier français, non plus que les pré-
« rogatives qui peuvent en résulter. »

L'indigène Jusuff nous appartient donc par droit de naissance et par droit de conquête. Il est, c'est-à-dire, il devrait être notre taillable et notre corvéable, eh bien ! c'est tout le contraire, et, sans compter ses droits de commission, lorsqu'on l'envoie faire l'article dans le Sahara, on lui a fait cadeau, aux portes d'Alger, d'une propriété qui vaut deux cent mille francs, et que l'on embellit tous les jours. Par dessus le marché, on lui donne quinze cents francs d'indemnité de logement, pour le consoler de ce qu'il n'est pas logé dans un bâtiment militaire.

Ces petites douceurs dédommagent, du moins je le souhaite, l'indigène naturalisé Jusuff de toutes ces amertumes dont quelques médisants envieux et indiscrets cherchent à l'abreuver. Il faut espérer que cela ne le dégoûtera pas d'être à notre service : sans lui, grands dieux ! que deviendrait notre colonisation ! On frémit lorsque l'on songe, et la France, par ma voix, le supplie de ne pas nous abandonner à notre **malheureux sort !!** Je me jette à ses genoux.

plaît cependant comme de voir, en d'autres humains, briller un enthousiasme véritable. Je le respecte à l'égal de toute croyance religieuse, et, si je fais quelques objections, c'est plutôt pour me convaincre que pour contredire.

Ainsi, je l'ai déjà confessé, j'ai perdu toute croyance à la grandeur d'âme de certaines de nos illustrations impériales, et n'ai en vénération que ceux morts au champ d'honneur, avant les corruptions qui ont suivi la république. Ainsi, pour moi, Latour-d'Auvergne est encore un type admirable; je me permis donc de demander à mon cicérone : Croyez-vous que Jusuff vaille Latour-d'Auvergne ?

Que diable nous parlez-vous de cette momie républicaine ? Est-ce parce que Latour-d'Auvergne a commandé une division qui mérita le surnom d'Infernale ? Mais, vingt ans plus tard, au siége de Dantzick, la compagnie commandée par l'intrépide de *Chambure* conquit le même surnom, dans les tranchées de l'ennemi ! Eh bien ! ils auraient tous perdu l'haleine à courir après les Arabes ; il n'y a que nous et les spahis qui sachions attraper ces Numides-là.

Mais, pour cela faire, il faut que nous soyons entraînés par Jusuff. Dieu ! quel homme que ce cavalier, et quel cavalier que cet homme !... Ah ! il faut le voir lancé en razzia, l'œil, l'oreille, les narines et les goussets ouverts, comme il se précipite ! il ne galope pas, il vole !

Trompettes, un ban ! des fanfares ! hourra ! trois

fois hourra pour Jusuff! Vive le grand général! Et que ne puis-je l'embrasser le matin en me levant, le soir en me couchant, au commencement et à la fin de mes repas !

Ah! ça, permettez; vous dites que c'est un grand général.—Oui, certes, pas si grand que...— Ce n'est pas de la taille dont il s'agit; mais je sais tout ce qu'il faut de capacité, d'études préliminaires, de talents spéciaux, d'expérience ou de génie pour que l'on soit bon général; or, d'après ce que l'on sait de la biographie de votre idole, il est certain qu'il n'a été ni à l'école Polytechnique, ni à Saint-Cyr, ni à Saumur, voire même enfant de troupe. — Eh! monsieur, s'écria mon interlocuteur, avait-il besoin de cela, l'homme prédestiné qui semble n'avoir pas eu de commencement, et avoir été, par un effet de la Providence, créé d'un seul jet, tout entier, tout exprès, et à cheval, pour nous enseigner comment on imprime la terreur aux Arabes et comment on fait des fagots avec les myrthes du Sahel, les lauriers du Tell et les palmiers du Sahara ! — Je n'ai rien à objecter ! — Je le crois parbleu bien ! Vous croyez, routiniers classiques, qu'il faut, pour faire la guerre en Afrique, des généraux comme il en faudrait pour faire la guerre en Europe! Vous avez le cerveau assez étroit pour penser qu'un homme, vraiment général, sait le prouver sur tous les terrains, et qu'alors il est grand général. Eh bien! monsieur, il est parfaitement inutile que ce phénix existe, parce qu'il faut pour la guerre d'Afrique des hommes particuliers, parce que, voyez-vous, c'est une guerre qui ne ressemble en rien aux autres, je vous prie de le croire. Dans les guerres d'Europe, on a affaire avec un tas d'entêtés; les Russes, par exemple, qui, disciplinés de longue main, armés jusqu'aux dents, restent en espalier, sur le champ de bataille, devant une batterie, et se laissent cueillir par la mitraille, avec le sang-froid que vous mettez à prendre une glace, ou résistent, baïonnette croisée, à l'ouragan des escadrons intrépides et compacts. Les Arabes, eux, n'ont pas de canons; ils tiraillent; courez sus, ils se sauvent; aussi, on ne leur fait pas l'honneur d'emmener de l'artillerie contre eux, à moins que le besoin ne se fasse sentir de donner une croix ou un grade à quelque protégé, alors on met trois officiers par pièce, et l'on tire, en poste, à des distances de 1,500 toises, avec des pièces de montagne, ça suffit, et le but est atteint.

Quand on fait la guerre en Europe, quelle multiplicité de combinaisons il faut mettre en jeu pour arriver sur le champ de bataille et s'y assurer, le plus possible, de chances pour le succès! En Afrique, pas n'est besoin de toutes ces précautions du génie; en Europe, il faut des hommes carrés, comme le disait l'empereur; en Afrique, il ne faut que des Jusuff!

Je n'étais pas venu en Afrique pour recueillir des anecdotes scandaleuses; je coupai court à la verve de mon cornac et je fis mes dispositions pour être prêt à m'acquitter convenablement de mes devoirs.

Ce qui se passait me donnait lieu de faire bien des réflexions, que j'avais grand soin de garder pour moi; mais le diable, comme dit le proverbe, n'y perdait rien. A la vue de certains avancements prodigieux, pourquoi, me disais-je, la Providence ne fait-elle pas aussi un miracle en ma faveur et ne me transforme-t-elle pas, moi bécasse, en aigle, ainsi que bien d'autres; mais qu'es-tu pour devenir quelque chose? — Soldat de l'empire, noté comme brave, intelligent et soutien de famille. — Es-tu éligible? — Non. — Eh bien! tu n'es rien, et de cela que veux-tu que le ministre en fasse? *Ex nihilo nihil.*

Peux-tu soutenir le ministre au pouvoir, peux-tu flatter ses goûts domestiques; et, sois de bonne foi, peut-il lui-même toujours n'être que juste? Un monsieur, par exemple, pour lequel on doit avoir des égards gouvernementaux et parlementaires, en qualité de député rallié, ex-ministre, fournisseur de matières ou de voix électorales, ou de réclames élogieuses, lui dit : J'aime un ancien affectionné, que je désire voir avancer promptement; il sort de l'école, il n'a pas de temps à perdre, *on ne sait pas ce qui peut arriver ;* enfin, je désire qu'il marche rapidement; en temps et lieu, ma gratitude fera ses preuves.

Le ministre empoigne le cordon de sonnette placé au-dessus de son secrétaire, tire, un huissier paraît. Portez cela au directeur du personnel; c'est un carré de papier avec annotation; le directeur reçoit, sonne, et de bureau en bureau, de cordon de sonnette en cordon de sonnette, d'huissiers en garçons et de garçons en huissiers, le papier revient renflé d'une feuille de dimension officielle; le ministre le présente en souriant au monsieur considérable : Vous voyez, votre protégé est nommé mon officier d'ordonnance; Je vais lui faire gagner ses grades en poste. A-t-il de la fortune? — Beaucoup. — Bien. On doublera l'indemnité; afin qu'il aille plus vite, je l'enverrai, tout d'abord, au gouverneur-général par intérim de l'Algérie lui porter un pôt de pâte à l'escargot, très-bonne pour enlever le feu du rasoir, après la barbe. Votre jeune homme recevra la croix en arrivant à Alger; à son retour, s'il peut me tranquilliser sur la santé du bon général Chouya (1) et de son excellent aide-de-camp, que j'aime comme une canne à sucre; je le ferai nommer chef d'escadron. Six mois après, je l'enverrai au roi de Maroc, à qui le gouvernement offre un orgue de Barbarie; alors votre protégé sera nommé officier de la Légion-d'Honneur, en sorte que, avant un an, j'espère qu'il sera lieutenant-colonel, au moyen d'une mission de confiance que je lui ferai remplir près de l'empereur de Russie.

Etes-vous satisfait? — Ma foi, tout juste; car, sans reproches, en vingt-quatre heures, nous vous avons fait ministre, pair de France et grand-croix de la Légion-d'Honneur. — Je ne l'oublierai de ma vie; mais

(1) Le général a fait la guerre aux Arabes avec une telle aménité, que dans leur gratitude et un moment de gaîté, ils l'ont surnommé *Chouya* (Tranquille).

ce n'est pas ma faute. — C'est juste, et je vous le pardonne, si vous faites nommer mon officier colonel avant un an. — J'y tâcherai, je le jure par la tête de mon directeur du personnel. — C'est peu de chose. — Eh bien! comptez-y, puisque je ne puis faire autrement. — A la bonne heure. — .... Et voilà comme on avance.

Au lieu du monsieur prépondérant, supposons une jolie femme qui sollicite; je sais, belle dame (les ministres habitués aux formes parlementaires ont toujours des expressions choisies et délicieuses à l'endroit du beau sexe); je sais, belle dame, tout ce que vous avez à me demander; c'est une affaire qui a besoin d'être traitée à fond; mais, vous le voyez, mon antichambre regorge d'impatients mandataires de la nation; ils me pressent, et cependant je veux causer à mon aise et longuement avec vous; venez ce soir, pendant les Italiens, où ma femme a une loge; venez, et ce ne sera pas vous qui solliciterez.......... Et voilà comme on fait avancer. Rien pour rien; c'est connu. Quant au mérite sans costume, nu, réel comme la vérité, on ne peut lui accorder son nécessaire qu'à grand'peine, absolument comme les soupes économiques délivrées par les mairies.

Tel est le lot du mérite; quant à celui de l'ancienneté, incontestable comme la loi, il est, en certains lieux, considéré comme une calamité qui pèse sur l'impatiente ambition des bien en cour. Nous autres anciens, nous avons encore d'immenses actions de grâces à rendre à l'*Illustre Epée*, qui a daigné ne couper que d'un tiers ce qui nous était octroyé si justement sous l'arbitraire prétendu de la restauration; et, pour ma part, je ne cesserai de glorifier, comme ils le méritent, toutes les fois que j'en trouverai l'occasion, ces lâches complaisans du bon plaisir, d'autant plus ignobles, qu'ils ont cru devenir nobles à force de bassesses.

Si j'étais né noble, je me serais fait tuer pour conserver l'intrégrité de mon nom; mais né plébéien, j'estime trop la mémoire de mon père pour renier jamais son nom ou le ridiculiser par une particule. — Avec des sentiments aussi nobles, vous ne serez jamais qu'un pauvre hère, my dear : à moins, cependant, que vous n'épousiez une jolie femme. — Vous risqueriez-vous? demandai-je à mon conseiller. — Certainement. — Mais, lui dis-je, qu'êtes-vous, pour vous marier par ambition? Avez-vous un nom et de la fortune, ou de la fortune sans nom, ou même un nom sans fortune? Vous n'avez ni l'un, ni l'une, ni l'autre : Jean tout court, fils de laboureurs, voilà qui produit de l'effet à la porte d'un salon! essayez, présentez-vous.

Qu'est-ce? dira un vieux gentilhomme, est-il *né*, a-t-il de la fortune? La cape et l'épée! c'est honorable, mais ce serait une mésalliance; qu'on le remercie (1)!

(1) Je connais telle douairière encore avenante qui, par respect de son nom, aimerait mieux se donner à vous, que de vous faire épouser sa fille.

Qu'est-ce qu'il est celui-là? dit le financier; il n'a ni fortune, ni un titre? il veut ma fille; v'là un toupet! Ah ben! le plus souvent!

Qu'est-il? dira un vieux général, courtisan de la Bourse; ni fortune, ni un nom; merci, qu'il passe au large.

Vous croyez donc qu'il suffit de se baisser et de prendre!...

Surtout, ne faites pas la folie d'épouser une femme qui n'a juste que ce qu'il faut pour vous rendre heureux, cela n'éblouit pas. Foin de l'âme! foin du physique! mais vive la dot! Il faut pouvoir crier du haut d'une calèche : Ohé! piétons! rangez-vous, laissez passer mes chevaux, ma voiture, ma fortune et ma femme! vous voyez bien, que diable, que je suis riche! Allons, garrrre!

Cela est grandiose, de bon air, surtout si vous conduisez vous-même, en grande tenue; les badauds sont là qui vous admirent et s'exclament : Dieu! que cet officier a l'air d'un bon cocher!

Puis, cet étalage promet aux amateurs, toujours prêts à y mordre comme des requins, une succursale de Cocagne, où les vins et la bonne chère forment le mastic gastronomique qui cimente les relations profitables.

Mettez en lettres d'or, au-dessus de votre porte : Ici on donne à boire et à manger gratis.

Faites boire, faites manger, faites jouer, faites danser, représentez, enfin ; tant que cela durera, on vous adorera, on vous tirera le chapeau par devant, et la langue par derrière; mais si vous fermez boutique, on vous lapidera, puis on ne parlera plus de vous, si ce n'est pour vous calomnier ; car avant, on ne faisait qu'en médire.

Représentez, je vous le conseille; au fait, c'est profitable : Quel est, en effet, le manant qui pourra vous refuser quelque chose, après avoir humé votre potage; il n'y a pas de sauvage qui osât le faire. Pour tous les barbares, l'hospitalité est chose sacrée; l'Arabe répond de vous, lorsque vous avez rompu le pain et mangé le sel dans sa tente. Dès lors, faites cette règle de proportion : si pour du pain et du sel, j'ai l'hospitalité, que ne dois-je pas avoir pour deux services, le dessert et le café? Ceci est mathématique; tel chef vous rudoie parce que vous n'êtes que son inférieur, qui vous secoue la main et vous nomme son cher, parce que vous êtes fils d'un homme qui a table ouverte.

Vous, en vieux troupier, vous videz quelquefois la bouteille d'extra avec un bon camarade; eh bien! où cela vous a-t-il mené? vous vous figurez que représenter c'est avoir devant les troupes ce maintien digne, cette figure calme, ce regard assuré qui inspirent aux soldats le respect, la confiance, le dévouement à leur chef, sottise!

Représenter, c'est, vous dis-je, donner à boire et à manger, et, après les repas, allumer quelques bougies et des lampes qui ne coulent pas, à la lueur desquelles de jeunes officiers aimables et gais se ruinent au lansquenet, bénéficient de la coquetterie de votre femme, et boivent, par là-dessus, un verre d'eau plus ou moins sucrée; se sont là de délicieux passe-temps où le beau monde se forme l'esprit et le cœur, ainsi que le prouve la tradition.

Les officiers généraux et les chefs de corps reçoivent, il est vrai, des frais de représentation; le but est celui-ci : réunir les officiers en famille militaire, et causer de leurs intérêts, faire enfin ce qu'un père fait à son foyer; mais voici ce qui arrive : la guerre, la députation, les congés, les déplacements, les empêchent, en général, de représenter; alors ils ne représentent pas, et finissent par prendre le tic d'emmagasiner et de ruminer; et ces frais de représentation augmentent plus tard le capital de la retraite.

Et même, certains chefs de corps, à l'imitation d'une *illustre épée*, ont voué une telle vénération à l'intégralité de leur traitement, qu'ils préfèrent se servir des mulets destinés à l'ambulance, qu'acheter ceux qui leur sont nécessaires pour porter leur superflu (1).

Donc, en résumé, pour avancer, il faut : ou être

---

(1)   ORDRE GÉNÉRAL.
    Au camp d'Aïn-Kebira, le 20 janvier 1846.
Le maréchal, gouverneur-général, est informé que plusieurs chefs de corps se sont permis de distraire les mulets destinés au service spécial des cantines d'ambulance, pour des usages particuliers, etc.

né, ou avoir de la fortune, ou se fortifier d'une jolie protectrice; sinon, taisez-vous. Ah! il existe encore un moyen; mais, fichtre! il faut avoir bien des talents pour le rendre efficace.

Vous savez, et c'est trivial, que l'on compare les détenteurs du pouvoir du jour à des astres; chaque astre, c'est reçu, a ses satellites; eh bien! mon ami, il s'agit de devenir satellite, ne fût-ce que comme la lune, pour servir pendant les nuits.

Vous avisez un homme puissant, vous dites : Voilà mon affaire, il faut que je devienne la sienne ; vous faites une reconnaissance de son entourage, et, leste et preste, vous vous y insinuez.

Le difficile est de s'y maintenir, car il faut plaire. Si l'entourage n'est composé que d'hommes, c'est possible; mais si l'on y compte des représentants de ce sexe enchanteur qui parsème de fleurs le chemin de la vie, puisse le plus fin des enchanteurs vous avoir doué de toute la souplesse d'*Auriol*, de l'adresse de *Comte* et de la finesse de *Talleyrand!* et, puisse tout cela vous faire réussir !

J'ai connu une famille puissante, et un entourage fort adroit.....; les chefs de la famille avaient une bienveillance naturelle, toujours prête à s'épandre sur qui les approchait; mais l'entourage, envieux et jaloux, les tenait à l'état de blocus, sous prétexte de convenances réglées par l'étiquette.

Par suite d'une de ces anomalies que le destin se plaît à semer pour nourrir l'existence fatale et jumelle du bien et du mal, on voyait, dans l'enceinte semi-patriarchale, s'épanouir un être qui paraissait tenir de la fleur, de la femme et du cygne. En apparence, c'était une houri ; une sorte de mystère enveloppait son origine ; née, disait-on, dans les brouillards de la verte Erin, on se demandait si une fée avait présidé à la naissance de cet être ravissant, ou si elle-même n'en était pas une. Son regard voilé aimantait le fer ; mais malheur à qui déplaisait à cette enchanteresse ; sa langue, plus terrible qu'un poignard, formulait, à l'oreille de *qui de droit*, certains mots magiques ; puis, l'objet d'une antipathie, le sujet d'une raillerie, le motif d'une jalousie était changé en Terme : la victime n'avançait plus.

Terrible dans les effets de sa puissance, elle se repliait silencieusement sur elle-même, pour donner plus de force ensuite aux ressorts de la répulsion ; elle eût fait, je crois, remonter l'Arach à sa source, pour faire mourir de soif qui ne lui convenait pas.

Ainsi faisait-elle refluer jusqu'au cœur cette bienveillance de la famille qui était prête à faire autant d'heureux qu'elle aurait pu. La petite main blanche de cette délicieuse apparition était plus forte que celle d'un sacrificateur au temps des anciennes hécatombes, car ce que n'avait pu faire le cuisinier de la maison, elle le fit ; elle a abattu le *premier* aide-de-camp. Il était cependant fort et puissant ; le bœuf Apis ne reçut jamais tant d'hommages ; et le voilà chassé loin des pâturages de la Deïra. Ainsi que

Nabuchodonozor, il erre sur la stérile étendue de l'exil ; sa langue desséchée réclame les eaux de Barèges, car la fille d'Erin l'a voulu ; et ce colosse, qui marchait naguère si lourdement sur les pattes de ceux qui lui léchaient la main, a fait place, bizarre contraste, à un joli colibri bien dressé qui voltige sur toutes les épaules, donne un coup d'aile dans l'œil de ceux qui l'admirent, puis vient chanter familièrement son petit air sur la tête du maître. Colibri plaît à la magicienne ; du cabinet du maître, elle eût fait volière ou basse-cour, selon son goût, si elle-même, je ne sais par quelle loi du destin, n'eût subi une transformation qu'elle appelait de ses vœux.

Depuis quelque temps, une sorte de mélancolie allanguissait ses membres, et cependant son œil, animé d'un feu plus vif, lançait une sorte de mitraille d'amour dont tous les colonels tombaient férus ; mais, connaissant tout le prix de la victoire, ils s'élançaient pour se rendre maîtres de cette charmante batterie. Tous les moyens de vaincre étaient mis à l'essai : paroles flûtées, gestes arrondis, moustaches cirées, gants glacés, manchettes blanches, taille serrée au préjudice de la digestion, pertes complaisantes à l'écarté, désinvolture au baccarat, vertige à la polka, tout l'arsenal enfin de la passion comme il faut était épuisé ; mais, pour vaincre, n'avait pas qui voulait une taille en manche de drapeau, avec le balancement du roseau de la *Métidja*, jouet de la brise de l'Est.

Cette beauté, de race ultra-royale sans doute, à en juger par l'air de souverain dédain que distillaient les coins de sa bouche sur le reste des mortels, cette magnifique beauté, à l'imitation d'un grand monarque qui n'aimait pas Saint-Germain, parce que de la terrasse on apercevait Saint-Denis, sépulture des rois, cette suprême beauté n'aimait pas les têtes blanches, clochers de la sépulture des amours.

Enfin, elle ne capitulait pas. La jalousie allait diviser le camp d'Agramant, lorsque l'armée se jeta aux pieds de l'enchanteresse et la supplia de mettre fin à cette épizootie. Elle daigna y consentir. Semblable, sans aucun doute, à Iphigénie, elle fit un sacrifice à la patrie et se jeta à la mer; mais la vertu est toujours récompensée : on assure qu'elle est transformée en sirène. Beaucoup de ses adorateurs veulent la suivre, au risque d'être transformés en huîtres. Il y aura un parc établi à Sidi-Ferruch.

Je n'ai donc pu essayer le pouvoir de mes avantages personnels pour plaire à cette nature double, et suis resté condamné à persister dans ma résignation spéculative. De temps à autre cependant, une fièvre d'impatience faisait bouillonner cette colère (1) qui pousse aux crimes politiques, lorsque, un beau jour, la nouvelle se répand qu'un général, qui avait

---

(1) Soyez maître de vos passions pour diriger celles des autres. N'ayez de colère que contre l'arbitraire, d'amour que pour la patrie et la liberté, et d'admiration que pour le désintéressement et la vertu.
(CORMENIN, *les Orateurs*.)

été mon patron, est appelé à porter un portefeuille de ministre.

J'avais de lui des lettres ainsi conçues :

20 avril 1842.

« La modestie, le zèle, la franchise et la droiture
« ne sont pas choses si communes aujourd'hui, que
« l'on ne doive en tenir compte, et ce sont des quali-
« tés que vous possédez tellement, que, pour ma
« part, je m'estimerais heureux, *je vous le jure*, s'il
« m'était permis d'améliorer en quoi que ce soit
« votre avenir. . . . .
« . . . .

« Quoi qu'il en soit, soyez sûr, mon cher Z...,
« que si l'occasion s'en présente, je parlerai de vous
« au général (le directeur alors du personnel), et que
« j'y mettrai toute la chaleur dont je suis capable.
« Réussirai-je ? Je n'ose vous le promettre à l'avance,
« car lorsqu'*on est parvenu au pouvoir, on oublie bien*
« *vite* les relations qui n'ont pour principe que des
« relations de société, et non pas une amitié an-
« cienne ; mais je ferai ce que je pourrai, *je vous en*
« *donne ma parole*.

« Adieu, mon cher Z... ; comptez que je ne vous
« oublierai pas au besoin, et croyez que rien n'alté-
« rera jamais les sentiments que je vous ai voués il y
« a longtemps.

« *Le général*....... »

« 3 janvier 1843.

« Je n'ai jamais songé à vous accuser, je vous le jure ; je sais que vous n'êtes pas de ceux qui oublient leurs anciennes relations, et les nôtres ont été trop bonnes et trop franches pour que, de mon côté, je ne me les rappelle pas toujours avec plaisir.

« Ma femme a été fort sensible à ce que vous me dites pour elle, et me charge de vous assurer qu'elle fait aussi des vœux bien sincères pour *que l'avenir* vous soit plus favorable que ne l'a été le passé.

« Tout à vous,

« *Le général......* »

Après cette lecture, une sorte de transport joyeux m'agita ; j'appelai mon ordonnance : — Gaillardet, lui dis-je, tu joues de la clarinette ? — Haut et ferme, quelquefois à l'écurie. — Eh bien ! je suis heureux, tu vas me donner une sérénade. — Soit, mon capitaine, à condition que vous me donnerez votre parole que vous ne m'en voudrez pas, car, je vous le dis sans détour, quand j'en joue, je suis obligé d'attacher court les chevaux. — Alors, va m'acheter deux cigares d'un sol, je veux m'enivrer de parfums.

Je mis le dossier de ma chaise contre le mur, en l'étayant sur les deux pieds de derrière, et, à demi-renversé comme sur un divan, les jambes étendues sur une autre chaise, je lançai mes pensées, à travers la fumée, dans les illusions d'une imagination toute occidentale.

Je voyais l'huissier du ministère, en habit neuf, la chaîne d'argent au col, me présentant, d'une main gantée de coton blanc, un pli où ma vue magnétique apercevait une louangeuse énumération de mes services et une douce récompense pour conclusion. Je rendais à l'huissier le salut protecteur dont il m'avait humilié au temps de mes sollicitations, puis le précédant, la tête haute, frappant du talon, j'arrivais au cabinet du ministre, qui s'écriait : — Je suis trop heureux de vous prouver mon estime, et j'ai voulu vous remettre moi-même les insignes de votre nouveau grade.

A cette touchante allocution, à ce témoignage d'une si délicate affection, j'oubliais toutes mes souffrances, toutes les injustices dont j'avais été criblé. Je me lançais de nouveau dans la carrière, avec une ardeur juvénile : je vais, me disais-je, avec un tel appui, regagner le temps perdu, et reprendre mes distances, comme ils disent.

Il paraît que l'agitation de mes pensées s'était communiquée à mon corps. Je marchais, sans m'en rendre compte, à grands pas ; mais je fus rappelé aux réalités de la vie par une voix qui me demandait : Capitaine, est-ce que vous avez une rage de dents ? — Non. — Faut-il que je joue de la clarinette ? — Non, quand je serai nommé. — Ah ! eh bien, j'ai le temps de donner la botte et de faire des répétitions.

Retombé dans le calme, voyons, me dis-je, il ne s'agit pas ici des contes des *Mille et une Nuits*; analysons nos positions respectives et réciproques. — Qu'est-il, lui, que l'on dit puissant? Un instrument et non un moteur, un paratonnerre et non la foudre, un pupille et non un tuteur, un commis et non un homme d'état; il faut qu'il s'appuie partout pour se soutenir (1); il ne peut rien pour ceux qui ne peuvent rien; je ne peux rien... donc... c'est clair... et le découragement s'empara de moi de nouveau.

Allons! me disait-on, il ne faut pas jeter ainsi le manche après la coignée; il faut lui écrire; si ça ne fait pas de bien, ça ne peut pas faire de mal; d'ailleurs, il y a aussi convenance à lui prouver que vous ne considérez pas son patronage comme impuissant, cela pourrait vous nuire dans son esprit.

Cette considération me détermina; je lui adressai une lettre de rappel à son souvenir, aussi convena-

---

(1) Lorsque, dans une monarchie, un homme sans caractère et sans vertu a reçu une éducation plus lettrée que morale, et que, parti sur les bras de la fortune, il monte les degrés du pouvoir, son élévation lui tourne la tête. Comme il se trouve isolé sur les hauteurs où il est parvenu, et qu'il ne sait où s'appuyer, n'ayant ni considération propre, ni entourage, n'étant plus et ne voulant plus être peuple, et ne pouvant être, quoi qu'il veuille et qu'il fasse, noble et grand seigneur, il se met sous les pieds de son roi, il les lui baise, il les lui lèche, et il ne sait par quelles contorsions de servitude, par quelles caresses de supplication, par quelles simulations de dévouement, par quels baise-pieds, lui témoigner son humilité et le terre-à-terre de son adoration.
(CORMENIN. Etude 19. *Les Orateurs.*)

ble, aussi respectueuse, aussi digne que possible ; il me répondit ou plutôt me fit répondre par son chef de cabinet, qu'il était enchanté d'avoir fait ma connaissance, qu'il s'en souvenait très-bien, mais, qu'en ce moment, il ne pouvait que me souhaiter une infinité de prospérités. Je ne me tins pas pour battu, et j'obtins un congé pour me présenter moi-même.

Il me fallut, il est vrai, braver encore une fois toutes les humiliations qui sont le cortége d'un solliciteur avant, pendant et après l'audience à laquelle il aspire. Je résolus, pour obtenir cette audience, de profiter d'une revue pour m'approcher de sa personne et lui remettre ma demande. — Arrivé au Champ-de-Mars, je crus un instant que je touchais au but, lorsqu'un brusque mouvement de son cheval le força à saisir les crins d'une main, le pommeau de la selle de l'autre, poussa le haut du corps en avant, de façon que, le ventre sur les fontes, il me présenta une partie de son individu (1), à laquelle, ordinairement, on ne présente pas les dépêches fermées. Cette position anormale ne présageait rien de bon ; je me retirai, ne pouvant même solliciter l'intervention de l'aide-de-camp qui, en ce moment, était fort embesogné à ramasser le chapeau et la tabatière de son patron.

Parbleu ! je n'en aurai pas le démenti, et je tenterai une autre approche. J'appris que mon ex-patron devait dîner au *Rocher de Cancale*, avec onze autres

---

(1) Voir la lithographie de *Cham* : L'inspecteur général de cavalerie.

officiers généraux de son bois, qui offraient à M. le lieutenant-général Schr... un banquet de congratulation, pour leur avoir ouvert les portes de l'avenir, ainsi que l'écaillère ouvre certains coquillages (1); au nombre de douze, ainsi que de bons apôtres, ils buvaient, avec résignation, le champagne frappé, à la santé de nos soldats d'Afrique mourants de soif.

Il s'agissait de parvenir jusqu'au sanctuaire.

Mes moyens ne me permettaient d'arriver qu'à la porte du lieu où se gaudissaient mes chefs. Le prix de leur dîner était pour moi un objet d'admiration; et, pendant qu'ils le savouraient, je me décidai à sacrifier le prix du mien, pour réussir: j'offris donc 1 fr. 50 c. au garçon de salon.

— Que diable voulez-vous que je fasse de cela? me dit-il. Je lui avouai que mon intention était de le corrompre. — Et pourquoi faire? — Pour que vous remettiez ceci, en main propre, au ministre de la guerre. — Je ne le connais pas; ils s'appellent tous: Mon cher général; ils ont tous des ventres aussi gros les uns que les autres; ce sont des capacités, et je ne peux pas distinguer le ministre; c'est égal, je m'intéresse à vous, malgré que vous n'ayez pas les moyens de me corrompre; mais ce n'est pas votre faute, si vous ne pouvez dîner ici. — Si fait, je pourrais y dîner aujourd'hui, à la condition que je ne dînerai pas pendant un mois; je me prive donc de cette privation;

---

(1) Voir les journaux de mai 1846. Il a eu lieu le 10 mai.

mais, au fait, pour distinguer le ministre, remarquez celui, qu'entre la poire et le fromage, ils nommeront excellence. — Qui, le fromage ? — Non, le ministre. — Bon !

Je ne sais comment il s'y prit, mais, le lendemain matin, de très-bonne heure, je reçus l'ordre de rejoindre mon poste, attendu que ma présence était nécessaire pour réprimer la mauvaise conduite d'Abd-el-Kader, qui nous avait lâché les Marocains aux jambes.

En route, j'appris que je venais d'être nommé chef d'escadron à l'ancienneté; j'étais, depuis cinq ans, le premier sur le tableau du choix.

Bien que cette récompense fût un peu tardive, je ne la considérai pas moins comme une digne émanation des lois qui nous régissent.

J'arrivai à temps pour assister à la bataille d'Isly. Je fus désigné au commandement des escadrons de chasseurs d'Afrique, qui durent appuyer les spahis chargés d'enlever la batterie ennemie.

Les spahis, voyant que les boulets persistaient à prendre une direction normale au front des escadrons, trouvèrent naturel de faire un angle avec cette direction; ils eurent l'étourderie de le faire, peut-être un peu trop ouvert et trop promptement; Jusuff, étonné, s'élança sur leurs traces, pour leur demander où ils allaient, jusqu'où ils voulaient aller, et, ainsi que le bon pasteur, ramener ses brebis égarées. Les chasseurs d'Afrique qui, dans la colonne, suivaient les spahis, habitués à charger droit leur chemin, ne suivaient pas l'obliquité sanitaire des spahis, et firent la besogne de ceux-ci, dont les officiers français se firent tuer pour l'honneur du corps. Les chasseurs firent donc la trouée et s'emparèrent de la batterie : il était donc équitable de le reconnaître et de rendre à César ce qui appartenait à César, et à Jusuff ce qui revenait à Jusuff; mais ce dernier, qui aime beaucoup à prendre, ainsi qu'il aime à donner, attendu, ainsi qu'on l'en félicite, qu'il n'a rien à lui, ce dernier, dis-je, eut raison de vouloir prouver qu'il avait fait quelque chose, mais il eut le tort de vouloir prouver qu'il avait tout fait.

Un sentiment de légitime fierté nationale me poussa jusqu'aux dernières limites de l'indignation, et encore échauffé par le feu de l'action, exalté par la conscience de ce que mes camarades et moi avions fait, je soutins que nous avions fait autre chose qu'acheter 100 fr. le parasol, ou piller les 600,000 fr. du trésor marocain.

Dans ma naïve et insensée colère, je demandais, à grands cris, que l'on fusillât les voleurs!!! Enfin j'eus le tort impardonnable de me fâcher.

Je fis le rapport exact et consciencieux de ce qui s'était passé. Jusuff contesta la véracité de mon récit, je tins bon; il froissa mon rapport dans ses mains. Voyant que je n'avais pas plus envie de céder à ses outrecuidantes exigences que je n'avais été intimidé par la batterie dont ses spahis lui avaient fait éviter la rencontre, il trouva, adroit et rusé courtisan, un moyen pour faire tourner à mon détriment ce que ma loyauté de soldat me faisait considérer comme un titre aux applaudissements de mes camarades et aux éloges du général en chef; il insinua à ce dernier que je me posais en seul héros de la journée.

L'amour-propre a de légitimes susceptibilités, mais il a le défaut de ses qualités, il est opiniâtre dans ses jugements, surtout lorsqu'ils sont injustes.

Certes, par cette accusation, l'amour-propre de ceux qui avaient bien fait, devait être excité contre moi; mais le trait lancé par mon adversaire alla piquer aussi un personnage que je croyais trop élevé pour être atteint.

J'ai été victime de cette calomnie; mais, j'en appelle à la raison de tout homme impartial, pour apprécier ma conduite; il sera convaincu, je n'en doute pas, de la justesse des réflexions suivantes :

Exécuter énergiquement les ordres qu'on a reçus, c'est contribuer à la victoire; prouver qu'on les a exécutés, ce n'est pas dire qu'on en est l'auteur; prouver que si on ne les avait pas exécutés, on eût compromis le gain de la bataille, c'est reconnaître, en même temps, que le général en chef avait bien jugé les circonstances, les lieux et avait prescrit d'excellentes dispositions; je n'ai pas dit autre chose, je n'ai pas écrit autre chose que ceci : Monsieur le maréchal avait conçu des mesures décisives; il avait chargé quelqu'un de les exécuter, ce quelqu'un s'étant trouvé *empêché*, j'ai saisi l'occasion aux cheveux, j'ai rempli les instructions du maréchal, et je le prouve.

Je le jure, je n'ai pas eu d'autre intention que de prouver qu'un bras français, le premier, avait saisi la victoire, et que ce n'était pas un étranger qui l'avait escamotée.

Mais mon antagoniste, habile à exploiter les passions humaines, aussi bien que les choses matérielles, persuada au général en chef que je prétendais être le seul vainqueur; je me fâchai, et j'eus tort.

Je tins un langage animé, digne et fier : cela parut étonnant, incompréhensible même à beaucoup de ceux qui rient des menaces d'une batterie, mais qui ne luttent pas contre celles de la défaveur.

Jusuff réclamait la part du lion; je prétendais qu'il n'avait droit qu'à un prix de course : j'ai perdu mon procès parce que, ainsi que le dit un colonel en renom, les *petits y zont touzours tort.*

J'ai eu le tort aussi d'adresser, en termes chevaleresques, des rapports à mes chefs. Le colonel Jusuff n'y mit pas tant de façons : travesti en Marocain, il plaida sa cause, fit rire le maréchal et gagna son procès.

Je croyais qu'un tel sujet méritait plus de gravité; j'ai eu tort.

Qu'importait en effet au maréchal que ce soient les chasseurs ou les spahis qui aient enlevé la batterie, la bataille n'était-elle pas gagnée?

Qu'importait mon nom à son entourage, Jusuff est bien autrement poétique.

Qu'importaient à la France les noms propres? Ce qui lui importait, c'était le gain d'une bataille qui sauvait l'armée et la colonie.

J'aurais dû me renfermer dans ces sentiments patriotiques, me taire, de peur d'être accusé d'ambition, et, cependant, je me sentais assez digne fils de France pour soutenir que c'était la hampe du drapeau national qui avait abattu la barrière dressée entre nous et la victoire, et non pas les mouvements désordonnés d'un heureux fantasiaque.

J'ai eu tort.

Fier, mais non orgueilleux, j'aurais dû, pour me consoler, songer que Kellermann, après Marengo, fut à peine cité au bulletin de la victoire (1).

J'ai donc eu tort; car j'ai subi deux mois de prison au fort l'Empereur; j'ai été fusillé par une admission à la retraite anticipée, tandis que l'étranger a été nommé général, et gratifié d'une concession valant 200,000 francs (2).

La magnanimité d'un maréchal de France, vainqueur, aurait dû ne pas traiter un officier de sa patrie plus cruellement que les Marocains ne l'ont été.

Ainsi, en résumant l'histoire de ma génération, vous voyez qu'elle a été proscrite, en 1814, par la ferveur réactionnaire de la première restauration, comme entachée de bonapartisme; reproscrite, en

---

(1) Je le reconnais, il n'y a ici aucune assimilation à faire entre les hommes et entre les choses des deux époques.

(2) La maison de campagne qu'il occupe près d'Alger.

1815, par la recrudescence réactionnaire de la deuxième restauration, comme bonapartiste incurable; traitée en suspecte par la première incandescence révolutionnaire de 1830, comme entachée de légitimisme, pour avoir respecté la sainteté du serment; puis, traitée en ganache par le bambinisme de 1835, comme entachée de gérontisme; toujours traitée en pauvre diablesse par l'entourage princier, comme entachée de roture, et victime ainsi de l'abus des influences; traitée en non-valeur (ceci est le coup de pied de l'âne) par l'orgueil électoral, comme entachée de paupérisme.

Dans un premier élan de colère et de vengeance, on est tenté de se faire conspirateur; mais en y réfléchissant, pas si fou! Je ne conspirerai que lorsque je serai sûr que la révolution pour laquelle je sacrifierai ma vie, changera les *idées* et non pas les *hommes seulement*.

C'est avec de pareils sentiments que je mets en pratique la fameuse maxime : *Quand on n'est pas content, il faut être philosophe;* mais le diable n'y perd rien; aussi j'ai besoin d'un Mentor pour me contenir dans cette voie moutonnière de la résignation; connaissant ma faiblesse, j'implore votre puissance de raison, soyez-moi en aide; je ferai tout ce qui dépendra de moi pour vous être agréable, afin de vous prouver ma gratitude.

Ainsi, vous pêchez à la ligne, moi je plante des choux; vous avez besoin d'appât pour rallier le poisson, moi je connais quelques bons fumiers où vous trouverez votre affaire : dès lors, vous conviendrait-il de nous associer gastronomiquement pour servir quelques plats de notre métier à des personnages de distinction seulement; car la canaille, dont je fais partie, ne vaut pas la peine que l'on y songe. En attendant votre adhésion à mon projet, j'ai l'honneur de vous faire hommage de mon premier chou; si vous le trouvez bon, je vous en offrirai un autre; ce légume, ainsi que la carotte, pousse sous tous les gouvernements.

Vive la république !

Constant MORDUR.

Rouen. — Imp. de H. RIVOIRE, rue Saint-Etienne-des-Tonneliers,

ERRATA.

PAGE 5, quatorzième ligne. — Au lieu de : *En même temps que vous, entrez, saluez*, lisez : *En même temps que vous entrez, saluez.*

PAGE 13, dernière ligne. — Au lieu de : *En le faisant*, lisez : *En le fixant.*

PAGE 31, note (2). — Au lieu de : *Mort de Louis XII*, lisez : *Mot de Louis XII.*

PAGE 38. — Au lieu de : *M. Z...*, chef d'escadron *le 28 septembre 1836*, lisez : *le 20 janvier 1836.*

PAGE 49, sixième ligne. — Au lieu de : *Tel officier qui a été blessé*, lisez : *Tel officier qui en a été blessé.*

PAGE 54, sixième ligne. — Au lieu de *Bokrani*, lisez : *Borhani.*

PAGE 61, dix-neuvième ligne. — Au lieu de : *J'aime un ancien affectionné*, lisez : *J'ai un mien affectionné.*

PAGE 75, note (1), deuxième ligne. — Au lieu de : *Et que parti*, lisez : *Et que porté.*

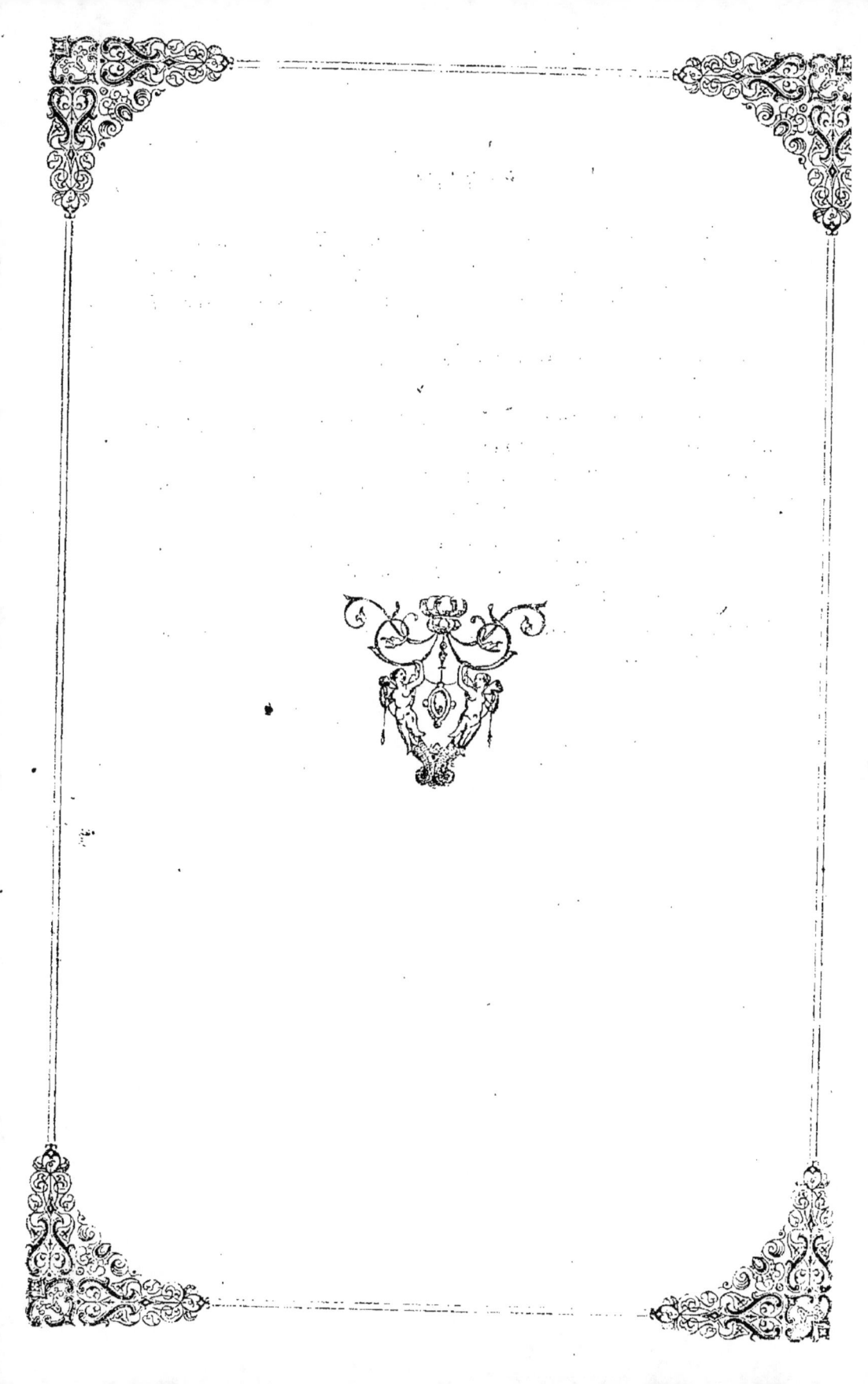

www.ingramcontent.com/pod-product-compliance
Lightning Source LLC
LaVergne TN
LVHW050601090426
835512LV00008B/1291